近代政治史系列

十年内战史话

A Brief History of the 1927-1937 Civil War in China

贾 维 / 著

社会科学文献出版社
SOCIAL SCIENCES ACADEMIC PRESS (CHINA)

图书在版编目（CIP）数据

十年内战史话/贾维著.—北京：社会科学文献出版社，2011.12
（中国史话）
ISBN 978-7-5097-2638-9

Ⅰ.①十… Ⅱ.①贾… Ⅲ.①第二次国内革命战争-史料 Ⅳ.①K263.06

中国版本图书馆 CIP 数据核字（2011）第 161881 号

"十二五"国家重点出版规划项目

中国史话·近代政治史系列

十年内战史话

著　　者／贾　维

出 版 人／谢寿光
出 版 者／社会科学文献出版社
地　　址／北京市西城区北三环中路甲29号院3号楼华龙大厦
邮政编码／100029

责任部门／人文科学图书事业部（010）59367215
电子信箱／renwen@ssap.cn
责任编辑／高传杰
责任校对／高忠磊
责任印制／岳　阳
总 经 销／社会科学文献出版社发行部
　　　　　（010）59367081　59367089
读者服务／读者服务中心（010）59367028

印　　装／北京画中画印刷有限公司
开　　本／889mm×1194mm　1/32　印张／5
版　　次／2011年12月第1版　字数／98千字
印　　次／2011年12月第1次印刷
书　　号／ISBN 978-7-5097-2638-9
定　　价／15.00元

本书如有破损、缺页、装订错误，请与本社读者服务中心联系更换

版权所有　翻印必究

《中国史话》编辑委员会

主　　任　陈奎元

副 主 任　武　寅

委　　员　(以姓氏笔画为序)
　　　　　卜宪群　王　巍　刘庆柱
　　　　　步　平　张顺洪　张海鹏
　　　　　陈祖武　陈高华　林甘泉
　　　　　耿云志　廖学盛

总　序

中国是一个有着悠久文化历史的古老国度，从传说中的三皇五帝到中华人民共和国的建立，生活在这片土地上的人们从来都没有停止过探寻、创造的脚步。长沙马王堆出土的轻若烟雾、薄如蝉翼的素纱衣向世人昭示着古人在丝绸纺织、制作方面所达到的高度；敦煌莫高窟近五百个洞窟中的两千多尊彩塑雕像和大量的彩绘壁画又向世人显示了古人在雕塑和绘画方面所取得的成绩；还有青铜器、唐三彩、园林建筑、宫殿建筑，以及书法、诗歌、茶道、中医等物质与非物质文化遗产，它们无不向世人展示了中华五千年文化的灿烂与辉煌，展示了中国这一古老国度的魅力与绚烂。这是一份宝贵的遗产，值得我们每一位炎黄子孙珍视。

历史不会永远眷顾任何一个民族或一个国家，当世界进入近代之时，曾经一千多年雄踞世界发展高峰的古老中国，从巅峰跌落。1840年鸦片战争的炮声打破了清帝国"天朝上国"的迷梦，从此中国沦为被列强宰割的羔羊。一个个不平等条约的签订，不仅使中国大量的白银外流,更使中国的领土一步步被列强侵占,国库亏空,民不聊生。东方古国曾经拥有的辉煌,也随着西方列强坚船利炮的轰击而烟消云散,中国一步步堕入了半殖民地的深渊。不甘屈服的中国人民也由此开始了救国救民、富国图强的抗争之路。从洋务运动到维新变法,从太平天国到辛亥革命,从五四运动到中国共产党领导的新民主主义革命,中国人民屡败屡战,终于认识到了"只有社会主义才能救中国,只有社会主义才能发展中国"这一道理。中国共产党领导中国人民推倒三座大山,建立了新中国,从此饱受屈辱与蹂躏的中国人民站起来了。古老的中国焕发出新的生机与活力,摆脱了任人宰割与欺侮的历史,屹立于世界民族之林。每一位中华儿女应当了解中华民族数千年的文明史,也应当牢记鸦片战争以来一百多年民族屈辱的历史。

当我们步入全球化大潮的 21 世纪,信息技术革命迅猛发展,地区之间的交流壁垒被互联网之类的新兴交流工具所打破,世界的多元性展示在世人面前。世界上任何一个区域都不可避免地存在着两种以上文化的交汇与碰撞,但不可否认的是,近些年来,随着市场经济的大潮,西方文化扑面而来,有些人唯西方为时尚,把民族的传统丢在一边。大批年轻人甚至比西方人还热衷于圣诞节、情人节与洋快餐,对我国各民族的重大节日以及中国历史的基本知识却茫然无知,这是中华民族实现复兴大业中的重大忧患。

中国之所以为中国,中华民族之所以历数千年而不分离，根基就在于五千年来一脉相传的中华文明。如果丢弃了千百年来一脉相承的文化，任凭外来文化随意浸染，很难设想13亿中国人到哪里去寻找民族向心力和凝聚力。在推进社会主义现代化、实现民族复兴的伟大事业中，大力弘扬优秀的中华民族文化和民族精神，弘扬中华文化的爱国主义传统和民族自尊意识，在建设中国特色社会主义的进程中，构建具有中国特色的文化价值体系，光大中华民族的优秀传统文化是一件任重而道远的事业。

当前，我国进入了经济体制深刻变革、社会结构深刻变动、利益格局深刻调整、思想观念深刻变化的新的历史时期。面对新的历史任务和来自各方的新挑战，全党和全国人民都需要学习和把握社会主义核心价值体系，进一步形成全社会共同的理想信念和道德规范，打牢全党全国各族人民团结奋斗的思想道德基础，形成全民族奋发向上的精神力量，这是我们建设社会主义和谐社会的思想保证。中国社会科学院作为国家社会科学研究的机构，有责任为此作出贡献。我们在编写出版《中华文明史话》与《百年中国史话》的基础上，组织院内外各研究领域的专家，融合近年来的最新研究，编辑出版大型历史知识系列丛书——《中国史话》，其目的就在于为广大人民群众尤其是青少年提供一套较为完整、准确地介绍中国历史和传统文化的普及类系列丛书，从而使生活在信息时代的人们尤其是青少年能够了解自己祖先的历史，在东西南北文化的交流中由知己到知彼，善于取人之长补己之短，在中国与世界各国愈来愈深的文化交融中，保持自己的本色与特色，将中华民族自强不息、厚德载物的精神永远发扬下去。

《中国史话》系列丛书首批计200种，每种10万字左右，主要从政治、经济、文化、军事、哲学、艺术、科技、饮食、服饰、交通、建筑等各个方面介绍了从古至今数千年来中华文明发展和变迁的历史。这些历史不仅展现了中华五千年文化的辉煌，展现了先民的智慧与创造精神，而且展现了中国人民的不屈与抗争精神。我们衷心地希望这套普及历史知识的丛书对广大人民群众进一步了解中华民族的优秀文化传统，增强民族自尊心和自豪感发挥应有的作用，鼓舞广大人民群众特别是新一代的劳动者和建设者在建设中国特色社会主义的道路上不断阔步前进，为我们祖国美好的未来贡献更大的力量。

陈奎元

2011年4月

⊙ 贾 维

作者小传

贾维，1954年生于上海市。毕业于安徽大学哲学系、中国社会科学院研究生院近代史系和中国人民大学清史研究所，历史学博士，中国社会科学院近代史研究所副研究员。参加《中华民国大事记》的编写、美国学者易劳逸《毁灭的种子》一书的翻译；专著有《谭嗣同与晚清士人交往研究》、《谭嗣同研究著作述要》等，并主编《半生风雨录》、《贾亦斌文集》、《贾亦斌诗词集》等书。

目 录

一 南京国民政府的成立 …………………… 1
  1. 南北形势与宁汉分裂 ……………………… 1
  2. 宁汉合流与"中央特别委员会" …………… 6
  3. 蒋介石东山再起 …………………………… 11

二 "第二次北伐" ……………………………… 15
  1. "第二次北伐"的发动 …………………… 15
  2. 鲁豫作战与济南惨案 …………………… 19
  3. 克复京津 …………………………………… 24
  4. 冀东会战与东北易帜 …………………… 28

三 国民党新军阀的混战 …………………… 33
  1. 新内战的酝酿 …………………………… 33
  2. 蒋桂战争 ………………………………… 41
  3. 蒋冯战争 ………………………………… 48
  4. 蒋张桂战争 ……………………………… 58
  5. 蒋唐石战争 ……………………………… 64

四 蒋阎冯桂中原大战 ······ 71
1. 反蒋派大联合 ······ 71
2. 战争之进程 ······ 80
3. 东北军入关与反蒋联军的失败 ······ 90

五 国共"围剿"与反"围剿"战争 ······ 99
1. 第一、第二次"围剿"的发动 ······ 99
2. 对江西苏区的第三次大"围剿" ······ 114
3. 对鄂豫皖和中央苏区的第四次大"围剿" ······ 120
4. 第五次反"围剿"的失败和红军长征 ······ 127

参考书目 ······ 136

一 南京国民政府的成立

1 南北形势与宁汉分裂

从1926年7月开始的北伐战争,在不到一年的时间内,就取得了巨大胜利。由广东出师北伐的国民革命军,先后占领了湘、鄂、赣、闽、皖、浙、苏等地区,控制了武汉、南京、上海等大城市,其势力从珠江流域扩展到长江、黄河流域,大有席卷全国之势。

然而,就在这时,南方革命阵营内部却发生了重大变动。1927年4月12日,蒋介石在上海发动政变,实行"清党",镇压共产党和革命人民。4月15日,广州也发生了反革命政变。至此,轰轰烈烈的大革命已基本失败。4月18日,南京国民政府宣布成立。

这样,1927年春夏之际,在南北对立的同时,长江流域又出现了宁汉对峙的局面。北京、南京和武汉三个政权同时并立,形势错综复杂。

在北洋军阀方面,盘踞中原的吴佩孚集团已基本被消灭,其余部龟缩于河南洛阳、巩县一带,苟延残喘。孙传芳的五省联军遭受重创,退守江北,实力大为削弱。只有张作霖的奉军和张宗昌的直鲁联军尚属完整。张作霖成为残存的北洋集团的中心人物。

在张宗昌、孙传芳、褚玉璞等人的拥戴下，1927年6月18日，张作霖在北京就任海陆军大元帅，组织"安国军政府"，继续与南方的国民党政府相对抗，同时作出妥协的姿态，通电"讨赤"和"息争"，宣称"海内各将帅，不论何党何系，但以讨赤为标题，即属救亡之同志"。他又诡称"与中山为多年老友"，"宗旨本属相同"，企图以"讨赤"的旗子，分化南方阵营，联合南京政府和阎锡山，共同反对冯玉祥和当时尚未反共的武汉政府。

南京政府以蒋介石、胡汉民和桂系集团为主角，辖区有江苏、浙江、安徽一部、福建、上海、南京市。广东、广西也属南京节制。因地处东南富庶地区，得到江浙财团的支持，南京政府的财政来源比较充足，岁入可达2亿元之多。其主要的武装力量，是蒋系和桂系的军队。

南京政府成立后，一面积极准备"西讨"武汉，一面与张作霖暗通款曲，谋求妥协。一时"蒋奉阎三角联盟"之说甚嚣尘上。但因张作霖坚持"统二不统一"，不肯让出北京的宝座，双方的谈判没有结果。而张宗昌、孙传芳陈兵江北，构成严重威胁，南京政府不得不继续进行北伐。

1927年5月1日，蒋介石决定第一集团军分三路北伐：第一路以何应钦任总指挥，由镇江、常熟渡江北上，肃清江北；第二路蒋介石自任总指挥，由白崇禧代理，从浦口渡江北上，由津浦路正面作战；第三路以李宗仁任总指挥，由芜湖渡江，北上解六安、合肥之围，联合进攻陇海路。

武汉是国民党中央和国民政府所在地，但它实际控制的只有湖北、湖南和江西部分地区，唐生智、张发奎部是其军队的主力。南京宣布反共后，掌握武汉政府大权的汪精卫、唐生智等人，对国共合作更加动摇，反共倾向日趋明显。从军事上看，武汉处于四面包围之中，处境十分困难。为了摆脱孤立，寻找出路，武汉政府也把希望放在继续北伐上。4月19日，武汉举行第二期北伐誓师典礼，决定由唐生智任第四方面军总指挥，分兵三路沿京汉线北上，进攻河南奉军。

冯玉祥的国民军是宁汉之间一支举足轻重的力量。宁汉双方都欲拉冯自重，削弱对方。但冯玉祥却认为当前的大敌是奉、直军阀，宁汉双方应消除分歧，共同致力北伐，完成统一，因而表示"对于任何个人方面，不敢稍存厚薄之成见"，并电劝双方"相忍互让"。

1927年5月1日，冯玉祥在西安就任武汉政府所委国民革命军第二集团军总司令，率部向河南出动，沿陇海路东进。5月26日，攻克洛阳；31日，进抵郑州；次日占领开封。

与此同时，武汉第四方面军也挥师北上，5月28日，攻占临颍，大败奉军；29日，占领许昌。6月1日，第二集团军与第四方面军在郑州会师。入豫奉军因战事不利，被迫退守黄河北岸。

在津浦线方面，第一集团军亦于6月2日攻占徐州，与第二集团军会师，直鲁军退向山东境内。

陇海路会师后，宁汉双方争取冯玉祥的活动进入了更加紧张的阶段。6月10日，汪精卫和冯玉祥在郑州举行重要会议。为争取冯玉祥的支持，武汉方面做出了重大让步。双方决定：第四方面军按"原定计划"班师回汉；河南、西北军政大权交冯独揽，由冯任开封政治分会主席，负责指导陕、甘、豫等省政务。冯则拒绝了共同"讨蒋"的要求，而提出愿调解宁汉之争，武汉方面的希望完全落空了。为了抬高自己的地位，武汉政府便将第四方面军扩充为第四集团军，由唐生智任总司令，以与蒋、冯、阎平起平坐。

南京方面也不甘落后，郑州会议10天之后，6月20日，蒋介石就和冯玉祥在徐州举行会议。此为蒋冯第一次会面，蒋介石盛情款待，吹捧冯为"北方军事领袖"，许诺每月接济西北军军饷200万元，极尽笼络之能事。会谈中冯坚持北伐为当前急务，不同意进兵武汉。双方遂决定共同北伐，第一集团军负责津浦线，第二集团军负责京汉线。关于武汉问题，冯表示愿意劝说武汉政府立即"清党"，并迁往南京实行合并，冯玉祥的态度表面上"不偏不倚"，但实际上有利于宁方而不利于汉方。在争取冯玉祥的问题上，南京占了上风。

山西的阎锡山集团是各方争取的另一支重要力量。北伐战争开始以后，阎锡山一直态度暧昧。直到1927年4月，南胜北败的局势明朗化，他才迟迟做出表示，下令取消北京任命的"督办"名义，自称"晋绥总司令"，并令军队信服三民主义。4月25日，武汉政府为争取阎锡山支持北伐，特任其为国民革命军第三集团军总司令。但阎拒不接受，而把宝押在南京方面。6月，阎下令山西"易帜"，改悬青天白日旗，军队改称国民革命军；并通过决议在山西实行"清党"和拥护南京政府。接着，阎在太原就任自封的"国民革命军北方总司令"，做出了参加北伐的姿态。

6月上旬，南京政府决定进行北伐第四期作战，从徐州、皖北、苏北三路进攻山东。6月18日，鲁南战役开始，但作战进展并不顺利。7月上旬，第一集团军进攻临沂受挫，战事呈胶着状态。

为配合津浦线作战，冯玉祥也命第二集团军渡过黄河，向奉军发动进攻。冯同时按照徐州会议的决定，向武汉施加压力，要求汪精卫"速决大计，早日实行"清共，并于7月7日率先在洛阳宣布"清党"。

在内外压力下，武汉政府决定抛弃孙中山亲手制定的三大政策，加快反共的步伐。7月15日，汪精卫集团步蒋介石后尘，实行"分共"；同时，仍称蒋介石是"党国惟一的敌人"，南京政府是"伪中央"，号召"打到南京去"，调集兵力，积极准备东征。蒋介石也从津浦线抽调主力，策划西讨武汉。宁汉之间，顿时剑拔弩张，战云密布。

正当武汉、南京准备大动干戈之际，中共于8月1日发动了著名的南昌起义，武装反抗国民党反动派的统治。汪精卫、唐生智于慌乱之中，急忙调集重兵镇压。

在津浦线战场，7月24日，直鲁联军趁第一集团军主力南调对付武汉之机，立即发动反攻。徐州得而复失，北伐战事呈逆转之势。蒋介石只得暂停征讨武汉，亲自督师反攻徐州。但南京军队已无斗志，反攻失利，直鲁军趁势猛攻，宁军节节败退，于8月中旬全线反撤至长江南岸。孙传芳军旋跟踪至江北沿岸，形成隔江对峙，第一次渡江北伐完全失败。

在遭受严重挫败的情况下，宁汉双方不得不把分歧暂时搁置一边，以谋求妥协。

2　宁汉合流与"中央特别委员会"

1927年7月中旬，冯玉祥鉴于北方军事形势严重，建议召开开封会议，调解宁汉冲突，并派代表分头疏通。于是，"宁汉合作"的呼声开始高涨起来。南京方面桂系集团积极活动，扮演了重要角色。8月8日，由李宗仁出面致电汪精卫等，称赞其决心"分共"，并邀其来宁商谈。10日，汪精卫复电李宗仁，虽仍坚持"武汉之中央党部及政府，实为党国之最高机构"，但承认对共产党"防制过迟，致酿成南昌之变，深感内疚"。这是宁汉双方数月来的第一次直接接触，它打开了双方协商谈判的大门。

冯玉祥倡导宁汉合作于外，李宗仁等积极响应于内，武汉唐生智又通电讨蒋，使蒋介石处境十分被动。蒋抽调主力讨伐武汉，导致徐州之败，更成为桂系发难的理由。蒋将北伐失败归咎于武汉牵制，李宗仁却说:"早就不要顾及上游,因武汉方面,可以商量,可以合作。"蒋只得表示:"只要武汉可以合作,如果以我在成为合作之梗,那我可以辞职下野。"李、白等"武装同志都说蒋先生要歇歇",何应钦则态度暧昧。

面对桂系的压力,蒋介石决定采取以退为进的策略,于8月13日宣布下野,返回奉化原籍。临行前为推卸津浦路战败责任,他将第十军军长王天培枪毙。14日,胡汉民等亦随之辞职,行前电冯玉祥谓"一柱擎天,惟公有焉"。蒋、胡等离去后,宁汉合作遂加速进行。

8月14日,白崇禧等电汪精卫,称蒋已辞职离宁赴沪,现双方所争持者皆不成问题,请派代表赴浔面商。19日,武汉政府宣布迁都南京。22日,李宗仁与汪精卫在庐山举行会谈,就宁汉合作达成初步协议。9月5日,汪精卫等汉方要员抵达南京。接着,宁、汉、沪(西山会议派)三方,为了统一党务和组建新的中央政府,在上海开始了讨价还价的谈判。汪精卫以国民党"正统"自居,遭到各方的严重抵制,宁派力主非汪下台无以平党员之愤。汪一气之下,于9月13日宣布"引退",秘密离沪赴赣。15日,国民党中央执监委员临时会议在南京举行,决定成立"国民党中央特别委员会"。其任务及职权为:行使国民党中央执行、监察委员会之职权,到国民党三全大会召开为止;统一各地党部;筹备国民党三全大会。次日,中央特别委员会在南京宣告成立,稍后,组成了新的国民政府,名义上取代了宁汉分裂的局面。

中央特别委员会是国民党的临时领导机构,它虽说以宁、汉、沪三方合作为基础,但实际上获利最大的是桂系集团和西山会议派。主持特别委员会日常工作的是所谓的"执政三常委",即李烈钧、蔡元培和谭延闿。由于蒋、汪、胡三巨头均不在位,特别委员会缺少真正的中心人物,内部派系复杂,基础十分薄弱,这是它的致命弱点;而且特别委员会的成立,以中央执监委员会议代替中央全会,违背了国民党党章规定的组织程序,也为反对派留下了口实。由此可见,特别委员会的地位是虚弱的,它的寿命必然是短暂的。

正当宁汉分合、扰攘不定之际,南北军事形势又变得紧张起来。8月26日,孙传芳军强渡长江,占领龙潭,切断宁沪交通,情势危急。何应钦第一军会同李宗仁第七军由南京和镇江两头夹击孙军,激战五日,全歼敌军,取得龙潭大捷,使成立不久的南京政府得到巩固。

龙潭之战提醒南京注意来自北方的威胁,而同时武汉方面也传来了令人不安的消息。汪精卫等在宁汉合流中一无所获,自不甘心。9月21日,汪精卫、唐生智返鄂,成立武汉政治分会,并通电全国,否认南京特别委员会。唐生智自任湘、鄂、皖三省联军总司令,决定依靠湘、鄂、赣三省地盘,与南京政府相对抗,并派兵布防长江下游,威胁南京。宁汉合流的局面又为宁汉对立所代替。

原武汉政府的另一支重要武装——张发奎部,则在黄琪翔率领下,于9月中旬返回广东,企图另创局面，重谋发展。为了对付上述威胁，南京决定双管齐下，同时进行北伐和西征。

南京政府于9月6日再度下令渡江北伐，第一集团军分别从采石、浦口、江阴渡江北上。北方的冯玉祥和阎锡山面对奉、直的军事压力，也开始采取联合行动。9月29日，阎锡山誓师讨奉，分两路进攻奉军：阎亲率右路军沿平汉路前进；商震率左路军沿京绥路进攻，晋奉战事爆发。10月9日，冯军也从陇海路对直鲁联军发起攻击，并在兰封战役中重创敌军。为统一指挥北伐军事，南京政府任命何应钦为第一路军总指挥，率部沿津浦路进攻孙传芳军。第一路军于11月8日发起攻击，16日攻克蚌埠；并与第二集团军会合，于12月16日再克徐州，将陇海路东段之敌肃清。

桂系集团为了扩大势力范围，急于打通南京与广西老巢的联系，故对割据两湖的唐生智视作眼中钉，极力拉拢程潜和谭延闿，主张讨伐唐生智。在桂系的策动下，南京政府对武汉发动了政治、军事两方面的攻势。10月上旬，南京政府派孙科等到武汉与汪精卫、唐生智谈判，要求取消武汉政治分会和改组安徽党政机构；同时，调兵遣将，紧锣密鼓地准备西征。唐生智不肯放弃安徽的地盘，宁汉谈判破裂，南京遂以此为借口发动武力讨唐。10月20日，南京政府下令讨伐唐生智，以李宗仁、程潜为第三、第四路军总指挥，分别率江左军和江右军由江北、江南两路西上，进攻唐军。

西征讨唐得到了两广和冯玉祥的响应。冯军从河南沿平汉线南下，威逼武汉；驻在鄂西的鲁涤平第二军也宣布反唐。唐生智四面受敌，只得退守武汉。西征军进展迅速，10月27日攻占安庆，并分三路入鄂，很快逼近武汉。唐生智见大势已去，被迫于11月11日通电下野，转道赴日本；军队则由刘兴、李品仙、何键率领，退向湖南境内。11月14日，西征军占领武汉。南京政府决定撤销武汉政治分会，改设"湘鄂临时政务委员会"，以程潜为主席，桂系胡宗铎任武汉卫戍司令。西征军随即攻入湖南，占领长沙，唐生智余部相继接受改编，西征讨唐遂告结束。

西征讨唐是国民党新军阀间的第一场内战。在这场内战中，原来盘踞两湖的唐生智遭到严重挫败，而桂系集团则掌握了两湖地区的军政实权，扩大了自己的势力范围。

原来在宁汉之间保持半独立地位的广东，现在成了与南京对立的另一个中心，广州政治分会主席李济深出于加强自己实力和围剿南昌起义军的目的，接纳了由江西返粤的张发奎第四军；并采取联汪立场。10月7日，李济深与张发奎联名电请汪精卫回粤，"主持党国大计"，同时派代表赴汉迎汪南下。汪精卫知唐生智不可恃，遂于宁汉战争爆发前一日转道赴广州，其他汪派人物也纷纷南下。10月29日汪抵粤后，即主张召开国民党二届四中全会，恢复中央执、监委员会，取消特别委员会。这样，宁汉对立刚结束，宁粤对立的局面又出现了，国民党内部依然四分五裂，纷争不已。

3　蒋介石东山再起

蒋介石虽然宣告下野，住在奉化溪口的雪窦寺，但他在南京政府党政军中的原班人马基本未动，势力仍存，仍然是中国政坛举足轻重的人物，继续在政治、军事和财政上左右着时局的发展。蒋本人也并未悠游山林，而是"人在山中，心存魏阙"，时刻准备东山再起。蒋介石明白欲统治中国，获得帝国主义列强的支持是一个关键。因此，他并不急于立刻上台，而是趁南北、宁汉大动干戈之际，于9月28日乘船东渡，在张群等人陪同下，开始了日本之行。

蒋介石抵达日本后，即发表宣言，大肆宣扬中日合作之必要。他首先拜会了黑龙会头子、著名的中国通头山满，意图通过他与日本各界及各国使节进行广泛接触。

日本政府对这位中国未来统治者的来访，亦予以高度重视。首相田中义一、陆军大臣向川义则等先后与蒋进行密谈。会谈中，双方签订了四条密约：蒋承认日本在满洲的特殊利益；蒋坚决反共到底；日本支持蒋政权；日本借给蒋4000万日元，蒋安定中国后，中日将进行经济合作。

蒋以承认日本在华特殊利益为条件，换取了日本政府的有限支持。事实很快表明，日本帝国主义根本不愿看到中国的统一，而是企图通过扶植和操纵不同力量，为其扩大侵略创造条件。

除了日本之外，蒋介石还特别寄希望于美国。他在日本帝国饭店举行的茶话会上特意宣布，准备接受任何强国的支持。美国立刻理解了蒋的话外之音，加紧了与蒋的接触。美国政府指令美驻日特使直接与蒋谈判，并签订了美蒋密约。其主要内容为：美全力支持蒋建立政府，统一中国；蒋氏政府将尽力保障并发展美在华利益；中国政府应承认日本在东北的特殊利益和其他在华权益。这份密约是蒋介石与美国建立密切关系的开始，也反映了美、日在华达成的妥协。

蒋介石此次日本之行，还有一个重要目的，就是拜谒宋美龄的母亲倪氏，请其同意他与宋美龄的婚事。蒋到日本后，很快拜见了正在神户养病的宋母，获得了其对婚事的允诺。回国后，蒋按照商定的条件，接受洗礼，皈依基督教。12月1日，蒋介石与宋美龄在上海举行婚礼。

蒋宋婚姻是一种政治结合，它对现代中国产生了重要影响。宋氏家族在国内外有很高的地位和广泛的联系，通过与宋美龄结合，蒋不仅与孔宋财团挂上了钩，而且获得了与西方世界尤其是与美国联系的重要渠道，同时又与孙中山攀上了亲戚，一举数得，身价倍增。

南京特别委员会是蒋介石重新上台的障碍。下野期间，蒋处心积虑地要踢开这块绊脚石。他采取的策略是联合汪精卫打击特别委员会。11月10日，蒋介石结束了对日访问，回到上海，立即着手与汪合作，以取代特别委员会。他电促汪赴沪晤商党务，主张从速召开二届四中全会以恢复中央党部,并在宁沪间煽动反对特别委员会,与广东的汪派遥相呼应。在各方的压力下,南京特别委员会只得接受李济深的调停办法,决定在二届四中全会召开前暂停行使职权,并将主持党务的西山会议派许崇智、张继、居正等派往日本;还同意先在上海召开有宁粤双方参加的四中全会预备会议。

与此同时,在广东,张发奎与李济深之间的矛盾也日益尖锐。11月17日,张发奎部趁李济深与汪精卫同赴上海出席四中全会预备会之机,在广州发动军事政变,将李济深及桂系势力逐出广州,由张发奎任广州军委会主席,顾孟余任广州政治分会主席,汪派掌管了广东的大权。李济深、桂系和南京都指责汪派勾结张发奎发动政变,反汪的呼声高涨起来。12月2日,南京政府下令讨伐张发奎,李济深部与桂系军队联合进攻广州。

正当粤、桂忙于内讧之际,中共趁广州敌人力量空虚,发动了著名的广州起义,宣布建立苏维埃政府,张发奎急忙调集兵力残酷镇压起义军。

汪精卫、张发奎因两次粤变而陷入窘境,反汪派借此大肆攻击,指责其为共产党。12月16日,南京政府下令查办与广州事变有关之汪系人物。汪精卫在国内无法立足,于是日通电引退,悄然赴法;张发奎也被迫于18日宣布下野。广州复为李济深和桂系所控制。

广州事变导致了汪精卫派的失势,但南京特别委员会并没有因此而得利。反对派于11月22日在南京组织反特别委员会的示威游行，军警开枪镇压，打死三人，伤十几人，制造了"一一·二二"惨案。反对派遂以此为借口，大做文章，提出取消特别委员会、打倒西山会议派的口号，把反特别委员会的活动推向了高潮。特别委员会穷于应付，焦头烂额，只得于12月28日宣布正式解散，从而扫除了蒋介石通向南京宝座的最后一个障碍。

汪精卫走了，特别委员会倒了，胡汉民随后也一走了之。惟一获利的只有蒋介石，他现在成了众望所归的人物，等待着去填补南京的权力真空。一时劝进、效忠之声四起，大有"斯人不出，如苍生何"之貌。蒋的嫡系黄埔军校学生，四处活动，为之摇旗呐喊。冯玉祥和阎锡山处于奉张、直鲁的两面夹攻之下，苦战不止，因而迫切希望蒋氏复出，以便协调各方，共同北伐，遂联名通电全国，请蒋复职。第一、二、三集团军的将领纷纷仿效，联名电请；连原来逼蒋下野的李宗仁、白崇禧现在也争相表示拥戴。南京政府正式电促蒋旋即复职，并派李烈钧到沪劝驾。

蒋介石见重新上台的条件成熟，便不再推辞，即于1928年1月7日在南京正式复职，就任国民革命军总司令。"先生之出，中外欣慰，前途光明，将无可量"，蒋介石的东山再起，给国民党内的一些人带来了新的希望。

二 "第二次北伐"

1 "第二次北伐"的发动

蒋介石重新上台后,为"巩固党本,团结内部",加强自己的领导地位,首先于1928年2月上旬在南京召开了国民党二届四中全会。这是南京政府建立后召开的第一次国民党中央全会。会议决定:继续在全国范围内厉行"清党";于广州、武汉、开封、太原四处设立政治分会,由李济深、李宗仁、冯玉祥、阎锡山分别任主席;改组国民政府,由谭延闿任国民政府主席,蒋介石任中央政治会议主席和军委会主席;稍后还任命蒋为国民党中央组织部长。

二届四中全会是在汪精卫、胡汉民缺席的情况下召开的,蒋介石趁机独揽了党政大权。

全会的另一个重要议题是继续北伐,会议通过了《集中革命势力、限期完成北伐案》,要求蒋介石"统筹全局,从速遵办"。

继续北伐确实是当时南京政府的迫切需要。从政治上看,"继续北伐、统一中国"是一个响亮的口号,它看起来是完成孙中山的未竟事业，也符合一般人民的心愿，在政治上居于主动地位；同时国民党内矛盾重重，难以解决，惟有北伐可以转移视野，缓和矛盾，以便集中力量打破僵局。从外交上看，继续北伐，推翻奉张的北京政府，结束南北对立的局面，是南京政府获得国际外交承认的关键。国民党一再宣称，"北伐为解决一切外交问题的枢纽"，就是要取得列强的承认，获得惟一代表中国的资格。从军事上看，国民政府虽已拥有半壁江山，但奉系张作霖实力尚存，张宗昌、孙传芳困兽犹斗，依然是一个不可小看的威胁。鉴于此，蒋介石提出"目前要义，首在完成北伐"，冠冕堂皇地打出了"第二次北伐"的旗帜。

两次北伐存在着很大的差别。前者是国共合作推翻北洋军阀反动统治的革命战争，而后者虽然也打着孙中山和国民革命军的旗号，但却塞进了蒋介石的私货，成了蒋介石收服北洋军阀残余以统一中国的战争，其进步性大打折扣。

当时北方主要有三个战场。首先是晋奉战场，作战双方为阎锡山晋军与张作霖奉军。自1927年9月下旬晋奉战事爆发以来，晋军无力独挡奉军主力进攻，被迫从河北、绥远分别向山西退却。晋军傅作义部孤军奋战，坚守涿州城达3个月之久。

其次是陇海路战场，对峙双方为冯玉祥国民军与张宗昌直鲁联军。冯军从10月上旬对直鲁联军发起攻击，战况极其激烈。10月下旬至11月中旬，冯军在兰封、考城一线，血战多日，将敌全线击溃，取得重大胜利。

再次是津浦路战场，作战双方为何应钦第一路军与孙传芳及直鲁联军。11月上旬，第一路军开始向孙军发起总攻击，16日攻占蚌埠；然后与冯军会合，击退敌军反攻，于12月16日再克徐州，将陇海路东段之敌肃清。

第二次北伐以蒋、冯为主力，津浦路蒋军与平汉路冯军能否互相配合，是第二次北伐成败的关键。因此，四中全会刚结束，蒋介石就赴徐州前线视察，与冯再次会晤。2月16日，蒋、冯在开封举行重要会议，就河北、山西先取守势，集中兵力以解决山东的作战方略，达成一致意见。2月28日，北伐军正式编组：蒋介石任总司令，何应钦任参谋总长；第一集团军，蒋介石（兼）任总司令，下辖18个军，共29万人；第二集团军，冯玉祥任总司令，下辖25个军，共31万人；第三集团军，阎锡山任总司令，下辖11个军，共15万人；海军，杨树庄任总司令，下辖4个舰队。稍后，南京政府又任命李宗仁为第四集团军总司令。

3月16日，蒋介石颁布《北伐总方略》，提出第二次北伐从4月开始，其目标是"消灭奉、鲁军阀"，"肃清直、鲁、热、察、绥境内反动军队"；作战分为前后两期，规定前期须进展至胶济路亘高唐、清河、南宫、石家庄之线，后期须进展至山海关、承德、多伦之线。"前期作战任务"分为两个阶段：第一阶段，第一集团军左冀部队及第二集团军第一方面军首先攻占济宁，同时第一集团军之右冀及中央部队占领日照、临沂、兖州之线；第二阶段，第一集团军主力进占济南，第二集团军主力全力猛攻河北之敌，进取石家庄，第三集团军全力协攻。"后期作战任务"为：第一、第二、第三集团军分别沿津浦路、京汉路、京绥路急进，会师京津，同时各以主力部队向榆关、承德、多伦猛烈追击。

可以看出，所谓第二次北伐，其作战目标是有限的，它只限于关内，而不包括东北，不敢触动日本帝国主义的利益。此次北伐以第一、第二集团军为主力，在作战步骤上，采取了先取山东，后取平津的方针；在作战对象上，采取了先打孙、鲁，后打奉张的策略。

北京安国军政府此时却举棋不定，攻守屡易。起初，张作霖鉴于山西地处华北腹地，而晋军战斗力又较弱，决定迅速击破晋军，一举攻下山西。无奈山西地形险要，晋军筑阵坚守，奉军屡攻无效，只得派重兵对山西严加封锁，放弃了攻占的企图。

攻山西不成，张作霖又调集主力，转而大举进攻河南冯军，企图各个击破，然而伤亡惨重，却毫无进展。

面对国民政府大举北伐，安国军政府在军事上部署如下：孙传芳第一方面军团驻鲁南，总部设在济宁，张宗昌第二方面军团驻鲁西，总部设在滕县，孙、张联手作战，当津浦路第一集团军的正面及第二集团军的侧面。张学良、杨宇霆第三、第四方面军团系奉军主力，驻冀中、冀南，总部设在石家庄，当京汉路第二集团军的正面；张作相第五方面军团驻京绥路及冀、察、晋边区，对山西戒备封锁；褚玉璞第七方面军团驻冀南，总部设在大名，当第一、第二集团军之侧面。安国军士气低落，顾此失彼，在战略上陷入被动挨打的境地，给北伐的顺利进军提供了条件。

至3月底，北伐准备一切就绪。31日，蒋介石赴徐州督师。4月5日，南京国民政府发表《北伐宣言》。7日，蒋在徐州举行誓师典礼，并下达总攻击令，第一、二、三集团军分别沿津浦、京汉、正太路挺进，第二次北伐正式开始。

2 鲁豫作战与济南惨案

第二次北伐经历了三个阶段。从4月7日蒋介石下达北伐总攻击令开始，到5月初济南惨案为第一阶段，主要战场在山东与河南；5月上旬国民党军绕道北上，到6月中旬进入平津为第二阶段，主要战场在河北；9月初至下旬，主要战场在冀东，经过滦河会战，迫使直鲁联军接受改编，是为第三阶段。

第二次北伐开始之时，山东是双方争夺的主要地区之一。在鲁南方面，第一集团军刘峙第一军团担任中路，由徐州附近出动，沿津浦路正面挺进，直取临城、滕县；陈调元第二军团担任右翼，由海州、新安镇一带出动，向日照、临沂等地进攻；贺耀祖第三军团担任左翼，由徐州以西丰县、沛县地区出动，向鱼台、济宁之敌攻击。在鲁西方面，方振武第四军团由豫东归德出动，进攻金乡、济宁；第二集团军孙良诚第一方面军，向巨野、郓城、汶上、济宁、大汶口进攻。

战斗之初，第一集团军进展顺利，到4月14日，已重创张宗昌直鲁联军，先后攻克郯城、台儿庄、鱼台、枣庄、临城、日照等地。此时孙传芳见津浦路正面鲁军吃紧，亲率主力5万人向徐州反扑，攻陷丰县，徐州危急。蒋介石一面命令各部固守，一面急电冯玉祥派兵驰援。冯急调石友三部火速增援，向孙军发动猛攻，重创敌人，迫使孙传芳仓皇撤退，徐州转危为安。第一集团军接着又攻占滕县、邹县、峄县等地。

在此次战斗中第二集团军孙良诚部表现突出，该部首下郓城，继克巨野，大破孙军，俘敌万余；随后又与友军配合，占领兖州；并乘胜追击，于21日克复济宁，为鲁南会战的胜利立下了汗马功劳。

与鲁南作战相比，豫北作战则要艰苦得多。4月5日，奉军以主力向彰德方面第二集团军发起进攻。奉军凭借其优势兵力，依靠炮兵、战车和飞机的支援，全线猛扑。冯军兵力不足，并且尚未布置完竣；冯玉祥以鹿钟麟为北路总司令，指挥孙连仲、刘骥等部拼死抵抗，多次击退敌人进攻，战况空前惨烈。冯玉祥以彰德方面战事吃紧，一面送电李宗仁，请其派兵北上，一面调韩复榘星夜驰援，发起反攻，终将敌攻势遏制，韩部伤亡惨重。

第二集团军在豫北的苦战，吸引了奉军的主力，有力地支持了山东方面的作战。相持至4月底，第一集团军在山东进展迅速，冯军亦在彰德发起反攻，奉军始向河北退却。

再说山东方面,济宁克复后,张宗昌部退据博山、泰安一带,孙传芳部退守肥城、界首区,企图继续负隅顽抗。蒋介石决定乘胜进攻,不让敌军有喘息之机。蒋本人自徐州专程抵兰封野鸡岗会晤冯玉祥,商定攻济事宜。4月25日,第一集团军及第二集团军先后发起攻击,开始了以攻克济南为目标的新作战。张、孙军队接连战败,实力大损,士气低落,在国民党军连续进攻下,无力抵抗。第一集团军进展迅速,数日之内,连克莱芜、界首、泰安、肥城,并于5月1日占领济南。张宗昌残部北渡黄河,退往德州。孙传芳也离开济南北逃。

山东作战至此告一段落。就在此时,蓄谋已久的日本帝国主义制造了震惊全国的济南惨案。

不惜用武力阻止国民党军北上,以阻挠中国统一,是日本帝国主义的既定方针。早在1927年5月,国民党军第一次渡江北伐,进入山东境内时,日本田中内阁就决定干涉,派兵进驻济南,为此日本第一次出兵山东。6月底至7月上旬,日本外务省还召开了东方会议,决定"在帝国权益及侨民生命财产受不法侵害之虞时,将以必要,断然采取自卫措施以保卫之"。

第二次北伐开始以来,日本一直密切注意中国事态的发展。4月19日,日本政府看到"山东形势剧变",济南旦夕可下,直鲁军队已无力阻挡国民党军北进,悍然决定再次出兵山东,直接进行武装干涉。

4月下旬,日军先头部队相继抵达济南。5月2

日，日第六师团长福田彦助率部由青岛抵济南，在正金银行楼上设立司令部，并在街道交叉路口构筑工事，架设铁丝网，积极备战；同时派人与国民党军联络，一方面刺探军情，另一方面麻痹对方。

第一集团军进城部队为第一、二、三、四军团，分驻城内和城郊。5月2日，蒋介石率总司令部抵济南，在旧督署设立总部，并委派第四军团长方振武兼任济南卫戍司令。鉴于日本出兵，济南形势严峻，蒋介石急令外交部长黄郛到济南与日军谈判，并派张群赴东京就日本出兵山东问题寻求外交解决，但在军事上没有采取任何有效的防范措施。

正当国民党军为胜利进入济南而陶醉之时，5月3日上午，日军首先对驻市内商埠的第四十军发动了突然袭击。国民党军毫无准备，损失惨重。

对于日军的武装挑衅，蒋介石一面严令驻商埠的中国军队全部撤退，一面派外交部长黄郛到日军司令部进行交涉。日军毫无诚意，竟将黄郛扣留18个小时，并公然践踏外交惯例，强行冲进交涉署，将战地政务委员会委员、特派交涉员蔡公时等19人捆绑毒打。蔡当即说明自己的身份，并对日军的暴行提出抗议。残暴的日军竟割去他的耳鼻，又挖去其舌头和眼睛，然后将蔡枪杀。其他人员除两人逃出外，全部被残杀。日军还在济南开枪炮轰，断绝交通，任意搜查、逮捕、杀害中国军民，济南顿时成为恐怖之城。

5月7日，日军第六师团长福田彦助向蒋介石发出最后通牒，公然提出：严罚与本事件有关系之南军高级干部；曾加危害于日本人之军队，全部在日本军面前解除武装；限中国军队12小时内撤出济南，胶济铁路沿线两侧20华里以内，禁止驻扎华军；停止排日宣传等要求。5月9日，日本政府发表第三次出兵声明，宣布增派第三师团赴山东，准备进一步扩大事态。

在日军咄咄逼人的侵略气焰面前，蒋介石惊慌失措。5月4日，蒋命令大部中国军队撤出济南，只派少数部队留守城内，维持秩序。5日，蒋介石偕黄郛等仓皇撤离济南，移驻石家庄，与冯玉祥紧急会商。经过讨论决定：济南事件通过外交途径寻求解决；津浦路第一集团军避开济南，绕道北进，继续北伐；京汉路增调兵力，加紧进攻；蒋介石暂回南京主持全局，北伐军事暂由冯玉祥统一指挥。

9日，蒋介石在泰安调整北伐部署，将主力嫡系第一军团撤至泰安、大汶河以南地区"待机行动"，以谋自卫；令第一集团军前敌总指挥朱培德率第二、三、四军团及第二集团军第一方面军迅速渡河，向德州进攻。同时发出通令，要求全体军人"忍辱负重，避免冲突"，绝对禁止参加抗日集会和游行，否则"定以军法从事"；并以"未遵军令回避日军"为由，下令免除贺耀祖本兼各职。

10日，蒋介石在兖州会晤由宁北上的谭延闿、张静江、吴稚晖，商定以完成北伐为前提，济南事件仍用外交方式解决，确定了对日妥协的方针。

11日，在蒋介石"暂行让步"、"不留一兵一卒"的命令下，守城部队撤离济南，突围而出，牺牲惨重。

日军占领济南城后,即举行入城仪式,升挂日本国旗,并到处奸淫掳掠,屠杀伤员和平民。

据统计,在整个济南惨案中,中国军民共死亡3254人,受伤1450人,这是日本帝国主义对中国人民犯下的又一罪行。

3 克复京津

1928年5月上旬,济南惨案发生后,国民党军绕道北进,分别从西、南两个方向会攻河北,开始了以攻取平津为目的的第二阶段作战。

第一阶段战绩平平的阎锡山此时开始积极起来,他将第三集团军分为左右两路,以商震、徐永昌为总指挥,分别从京绥路、正太路进攻河北。5月4日,阎军发起猛烈攻击,经过激战,将奉军全线击退,在正太路方面,接连攻占河北高邑、获鹿,并于9日占领石家庄,13日攻克正定,重创奉军;在京绥路方面,19日收复了大同、绥远。第二集团军则沿京汉路追击奉军,占领顺德。在津浦路,第一方面军于13日进占德州,直鲁军和孙传芳军向沧州溃退。

迟迟不派兵北上的第四集团军,现在也开始出兵参战。西征讨唐之后,桂系忙于整编唐生智余部,无暇北顾。同时为争夺对两湖的控制权,桂系与程潜的矛盾日益尖锐。李宗仁采取措施,将程潜免职并软禁,以鲁涤平为湖南省主席。蒋介石同意其对程潜的处置,满足了桂系的要求。这样,桂系就控制了第四集团军和武汉政治分会，完全取代了原来唐生智的地位。

桂系巩固了后方，开始积极准备出师北伐。李、白商定，由白崇禧任第四集团军前敌总指挥，率四个军兼程北上，增援前线，李宗仁则留守武汉。

5月19日，蒋介石由徐州抵郑州，与冯玉祥、白崇禧会商进兵京津策略。决定第四集团军迅速集中石家庄，配合第三集团军，加入京汉线正面作战。

阎锡山视河北为其势力范围，不愿冯军染指，因而此前曾向冯表示，希望冯军不要过彰德，河北军事由他负责。后来由于冯军进展过快，阎不得已乃与冯商定，两军以京汉路为界，路东由冯军负责，京汉路及路西由阎军负责。阎军占领石家庄后，冯军韩复榘亦率部赶至，两军在石家庄会师。阎军意图独揽全功，遂锐意进军，北线于25日占张家口、宣化，南线则逼近保定。奉军趁阎军孤军深入，发起反攻，企图从京汉线击破第三集团军。

为了协调各集团军作战，击退奉军反攻，蒋介石调整了京津作战部署：津浦路方面之第一集团军，由朱培德负责，向沧州、河间之敌攻击；京汉路以东之第二集团军，由鹿钟麟负责，先驱逐博野、蠡县、肃宁之敌，尔后向高阳攻击；第三集团军沿京汉路两侧向保定攻击。

28日，国民革命军开始全线总攻击。各集团军攻势猛烈，经过激战，分别击退当前之敌。至31日，第三集团军已攻占河北重镇保定；第二集团军连克蠡县、高阳；第一集团军虽进展较缓，也于6月3日克复沧州。至此，国民党军已逼近京津城下，克复京津指日可待了。

北京是当时国际公认的中国首都所在地，各国使馆均驻北京。天津是华北的最大口岸，租界林立。帝国主义列强在京津地区驻有重兵。国民党军进占京津，不仅涉及列强对南北政府的态度，而且涉及列强之间的矛盾。美、英、法等国看到南胜北败的大局已定，准备抛弃北京政府转而支持南京政府，并希望以此削弱日本在华势力，谋取自身的利益。因此，它们不反对国民党军进入北京和天津，只是表示希望南北双方不要在京津地区发生激战，以免损害它们的利益；对日本出兵华北，它们都心存戒备，表示反对，美国还为此向日本提出警告。

日本政府则积极调兵遣将，把原驻济南的日军第三师团调往天津，并下令关东军秘密动员，主力向沈阳地区集中，为进行武装干涉做准备。日本还提出，各国驻军组成联军，共同阻挡国民党军北上，但因遭到美英等国的一致反对而未遂。同时日本加紧向中国南北政府施加压力。5月17日、18日，日本分别向北京政府和南京政府递交《觉书》，威胁称若战争波及京津，使满洲治安受到影响，日本将不得不采取断然之处置；劝告张作霖立即退回东北，并蛮横规定国民党军不许出关追击。

面对日本的武力威胁和压力，南京政府不得不对收复京津一事采取小心谨慎的态度。为防止军事行动引起国际纠纷，蒋介石一再指示："我军到达京、津，应力避免与外兵冲突";并特意电令各集团军"于击破当面之敌,进抵静海、胜芳、永清、固定、长辛店之线后,停止待命"。南京方面还以不同方式表示:如奉军自行出关,"则军事行动自可适可而止"。这表明,南京政府在外部压力下,确定了和平收复京津的方针。

在由何人负责接收京津的问题上,蒋介石权衡利害,最后决定舍冯而用阎。当时各个集团军都派遣重兵逼近京津,冯军、晋军和桂系都想争先进入京津,以据为己有。但桂系姗姗来迟,几乎一枪未放,没有接收的资格。实际人选只能在冯玉祥与阎锡山二人中选择。冯军兵力最强,战功最大,且久处西北贫瘠之地,自然对接收平津抱有莫大的希望。但蒋介石不愿看到冯军势力过于扩大,对自己形成威胁,一直企图加以限制。阎军则实力尚弱,一时不足以构成威胁。就对外关系看,各国驻华使团对冯玉祥都怀有疑惧,对阎锡山则表示欢迎,尤其是日本与阎锡山历来关系密切,不会表示反对。阎与奉张的关系也比较融洽,由阎出面,奉系容易接受。上述因素,都使蒋介石倾向于舍冯而用阎。

5月29日,蒋介石为军事进展及避免外交纠纷,亲抵京汉铁路卫辉以北的柳卫,与冯玉祥会晤;次日蒋又抵石家庄与阎锡山会商克复京津善后事宜,这是蒋阎第一次会面。会谈中商定由阎锡山负责接收京津,并决定收复京津时对外交问题尤应格外谨慎。6月4日,南京政府特任阎锡山为京津卫戍总司令。和平接收京津的准备基本就绪。

此时的北京政府败局已定,陷于混乱之中。奉系集团内部主张停战谈和、撤回东北的呼声日益高涨。在军事形势迅速恶化、内外压力增大的情况下,张作霖被迫决定实行总退却,将主力部队撤离京津,向东北撤退。

6月2日,张作霖发表通电,宣布退出北京,迁往奉天。次日,张作霖乘专车离京回奉。8日,第三集团军孙楚部进入北京。盘踞天津的张宗昌、褚玉璞,仍企图负隅顽抗,后见大势已去,遂率直鲁联军残部5万余人,向芦台、宁河撤退,留守天津维持治安的徐源泉表示归顺南京,宣布天津易帜。12日,第三集团军进驻天津。6月28日,南京国民政府宣布:北京改名为北平,直隶省改名河北省,北平、天津为特别市。

国民革命军克复北京和天津,标志着第二次北伐战争的基本完成,宣告了统治中国达16年之久的北洋政府的覆灭,结束了南北政府对峙的局面,从此中华民国进入了国民党统治的时期。

4 冀东会战与东北易帜

日本帝国主义与奉系的关系很深,日本支持张作霖是想换取更多的侵略权益,但张鉴于全国人民的反对,未能满足日方的全部要求,并且有所抵制,使日本怀恨在心。日本关东军决定趁其兵败回奉之机,杀死张作霖,制造混乱,以便直接出兵占领东北。6月4日,日本关东军高级参谋河本大佐带人在京奉铁路的皇姑屯车站，将路经此地的张作霖专车炸毁，张身受重伤，次日送回沈阳后身亡。这就是震惊中外的"皇姑屯事件"。

事件发生后，奉系元老张作相等人秘不发表，并派人秘密通知张学良。张闻讯后，即化装潜回东北。6月20日，年仅27岁的张学良通电就任奉天军务督办，次日公布张作霖逝世的消息。7月4日，张学良在沈阳就任东三省保安总司令，迅速稳定了东北人心和政局，挫败了日军趁火打劫、扩大侵略的阴谋。张学良就职之日，发表宣言称："停止一切军事行动，决不轻言战事"。于是在国民党军进入平津、奉军退出关外后，双方之间的战事就完全停止了。

然而，张宗昌、褚玉璞的直鲁联军残部，尚有数万人马，盘踞在开滦、唐山一带，继续负隅顽抗。直鲁联军抢掠地方，扣押车辆，断绝交通，并与日军和旧安福系相勾结，阴谋制造叛乱，对平津地区的安全仍然是一个不小的威胁。

南京政府收复平津后，决定继续用兵，彻底消灭直鲁联军残余。7月15日，蒋介石下令肃清关内张宗昌、褚玉璞部直鲁残军，组成东征军，任命白崇禧为前敌总指挥。直鲁联军是奉军的昔日盟友，因此张学良电请南京政府暂勿进攻，奉方愿承担改编直鲁残部的事宜，以和平方式解决。张宗昌前往沈阳，要求允许进入东北。张学良忌其狡诈多变，担心放虎入境，养痈遗患，遂拒绝了他的要求；而提出由奉军改编直鲁联军，大部给资遣散，张宗昌断然拒绝。在这种情况下，张学良同意国民党军进行东征，以武力解决直鲁联军，奉军予以配合。

9月3日，白崇禧发表东征讨张宣告，命令各部队攻击前进，第二次北伐的最后一个阶段——冀东滦河会战开始。东征军以第四集团军为主力，兵分三路，白崇禧自兼中路总指挥，方振武、徐永昌等率左右两翼，总兵力近10万人。直鲁联军虽然困兽犹斗，但已不堪一击，经过8天战斗，东征军连克丰润、唐山、开平、滦州。直鲁联军炸毁滦河铁桥，固守滦河以东地区。15日，东征军分三路渡滦河会攻昌黎，奉军亦向直鲁军发动攻击。23日，直鲁联军在国、奉两军的夹击下，无力抵抗，请求停战缴械，接受改编；张宗昌潜逃，褚玉璞出走。历时20余天的滦河会战宣告结束。

至此，这场以收服北洋军阀残余为目的的第二次北伐战争，终于以南京国民政府的胜利而告结束。

奉军撤出关外后，南京政府鉴于张学良的态度和东北的特殊情况，决定争取张学良，用政治方式和平解决东北问题。蒋介石对奉方代表表示：希望和平解决东三省问题，决不诉诸武力；要求东北实行易帜，通电服从国民政府，实现全国统一。张学良集国仇家恨于一身，深感无中央政府之支持，则无以对抗日本的胁迫和侵略，因而拥护全国统一。他表示赞成三民主义，"决无妨碍统一之意"，"惟因对外则有某方（指日本）窥伺，对内则新遭大故，变更太骤，虑生枝节"，请宽以时日。南京表示谅解。双方还达成默契，东北易帜后，东三省仍由张学良治理，内政维持现状。

日本则极力反对东北易帜，通过各种方式向张学良施加压力，企图阻挠中国统一。

7月19日，日本驻沈阳总领事林久治郎向张学良转达日本首相田中的意见，称"南京政府含有共产色彩，且地位尚未稳定，东北殊无与联系之必要"。

7月24日，本为预定东北易帜日期，因日本蛮横阻止，张学良深恐发生"第二济南惨案"，为避免日本武力干涉，被迫决定暂缓实行。

8月上旬，沈阳为张作霖举行丧礼，日本派特使林权助前来参加，再次对张学良进行恫吓。林权助警告说："若东北当局无视日本的反对，擅挂青天白日旗，日本必将自由行动。"林还蛮横地说："即谓干涉内政之嫌，亦所不避。"张学良严正回答："余为中国人，所以，余之思想自以本国为本位。余之所以愿与国民政府妥协者，盖欲完成中国统一"，"以实现东三省一般人民所渴望"。但在日本的巨大压力下，张学良不得不宣布：东三省易帜，延期3个月。

在此期间，张学良一面竭力与日本周旋，一面请国民政府放心，同时为东北回归做了若干准备。他下令释放所有被奉方逮捕的国民党员，以示真心服从；协助解决了直鲁联军残部，恢复了平奉间交通。东北与国民政府的联系日益密切，双方都派有常驻代表，在相互之间沟通协商。10月8日，国民党中常会选任张学良为国民政府委员，张学良复电表示接受。10月10日是南京国民政府宣布的国庆节，张学良在沈阳举行招待会和阅兵式，以示庆祝，并以这种方式表明他与国民政府的关系。11月6日，张学良派莫德惠赴日参加日皇加冕典礼，日本首相田中不得不在口头表示，易帜"为中国内政问题"，莫以此为对东北易帜之默认，返奉复命。

1928年12月29日，张学良等通电全国，宣布东三省易帜，服从国民政府。日总领事闻讯后捶着桌子责难："突然易帜，等于宣告断交"，并威胁说："日本方面现在看你的态度，必要时有采取断然措施的可能。"张学良不为所动。

东北易帜使张学良加入了国民党新军阀的阵营，从此把自己的命运和南京国民政府紧密地联系在一起；但它对于维护国家领土主权的完整，打击日本帝国主义在东北的侵略阴谋，产生了一定的积极作用。

三 国民党新军阀的混战

1 新内战的酝酿

第二次北伐的完成,形式上实现了在南京国民政府领导下的全国统一。国民党对此大肆吹嘘,隆重庆贺。

1928年7月6日,国民政府在北平香山碧云寺孙中山灵前举行北伐完成祭告典礼,四大集团军司令蒋、冯、阎、李都前来参加。蒋介石在祭文中宣称:北伐完成,全国统一,"此实千载一时之良机",表示要与民更始,促使"全国庶政入于正规"。

然而,抛开这些美丽的辞藻,就不难发现,这种"统一"实际上是相当脆弱的。如果说,在推翻北洋军阀的过程中,国民党各个集团之间还能保持某种程度的团结和联合的话,那么,第二次北伐刚一结束,国民党阵营内部的矛盾立刻尖锐起来,为了争夺权力和地盘,各派势力展开了激烈角逐。表面的统一之下,隐藏着极大的危机;暂时的和平之中,酝酿着新的更大规模的内战。

北京政府垮台后，南京国民政府成为惟一的中央政府，蒋介石掌握了南京政府的党政军大权。但南京政府所能直接治理的地区，仍然只限于江苏、浙江、安徽、江西、福建、南京、上海五省两市，第一集团军的部队，绝大部分都驻扎在这一地区。

开封政治分会主席是冯玉祥，所辖地区主要为河南、陕西、甘肃（当时青海和宁夏尚未分省）等省，虽然区域很大，但都比较贫瘠偏僻，冯的第二集团军主要部署于该地区。第二次北伐中，冯玉祥一心想得到河北省和平津两市，但蒋介石却把它们给了阎锡山，只把山东划给了冯军，任命孙良诚为山东省主席，冯玉祥对此大为不满。

太原政治分会主席是阎锡山，所辖山西、绥远、察哈尔三省，由于阎又兼代北平政治分会主席，并任平津卫戍总司令，第三集团军的势力范围扩展到河北省和平、津两市，成为除南京中央政府以外，地盘最大、最富的一个集团。

武汉政治分会主席是李宗仁，下辖湖北、湖南两省，但湖南省主席鲁涤平并不完全听命于李宗仁。第四集团军主力驻扎在湖北地区；第四集团军前敌总指挥白崇禧率4个军参加冀东会战之后，即驻防该地担任警备任务。如何把分布在华北、华中和广西的桂系势力连接起来，使之首尾呼应，是桂系集团处心积虑企图达到的目的。

广州政治分会主席是李济深，辖广东、广西两省，李济深的第八路军和桂系留守部队驻在此地区。

东北易帜后，张学良和东北军在名义上已隶属南京中央政府，但实际上仍保持很大的独立性，自成体系，对关内的政治军事纷争采取观望态度，暂时不予介入。

由此可见，冯、阎、李都心怀不满，明里暗里与南京政府相对抗，企图进一步扩大各自的势力范围；以蒋介石为首的南京政府则企图利用各派的矛盾，用种种手段削弱各方的力量，迫使他们就范，以建立自己的独裁统治。为此，双方展开了错综复杂的较量。

蒋介石为了巩固自己在国民党和国民政府的统治地位，并使之合法化，积极拉拢胡汉民，排斥汪精卫派，在党内建立起"蒋、胡合作"的领导体制。

1928年8月，国民党在南京召开二届五中全会，这是国民党统一全国后召开的第一次中央全会。会前，当时还在巴黎的胡汉民多次致电国民党中央，提出建立"以党训政"的训政制度和设立立法、司法、行政、考试、监察五院制的中央政府。全会接受了胡的建议，决定迅速起草约法，以确定训政和五权制政府之原则。

8月28日，胡汉民由欧洲回国，随即与蒋介石进行磋商，就各项重大问题达成一致意见。

9月15日，胡汉民发表《训政大纲提案说明书》，提出"党必须有完固重心及发动，政府必有适当组织，党与政府之纲领须规定"。18日，国民党中常会加推胡汉民、孙科为国民党中央执行委员会常务委员。

10月3日，国民党中央公布《训政纲领》，规定："中华民国于训政期间，由中国国民党全国代表大会代表国民大会，领导国民行使政权；中国国民党全国代表大会闭会时，以政权托付中国国民党中央执行委员会执行之；指导监督国民政府重大国务之施行，由中国国民党中央执行委员会政治会议行之。"这一纲领是国民党所谓"训政时期"的"根本大法"，它规定了国民党"以党治国"、"一党专政"的基本原则，给国民党的独裁统治披上了一件"合法"的外衣。

10月10日，南京政府宣布改组，成立五院制政府，蒋介石任国民政府主席兼陆海空军总司令，谭延闿、胡汉民、王宠惠、蔡元培、戴季陶分任行政、立法、司法、监察、考试院院长。

此次国民政府的改组，使民政府主席实际上掌握了一切政治及军事权力，国民政府的组织形态由原来的委员制一变而为领袖制，蒋介石获得了前所未有的独裁权力。

为了进一步加强自己的权力，蒋介石又一手操纵包办了国民党第三次全国代表大会。在出席大会的406名代表中，由蒋记中央指派和圈定的竟达333人，占全部代表的82%，成为名副其实的"钦定"大会，汪精卫派被完全排除在大会之外。

1929年3月，国民党三全大会在南京召开，会议通过了处分汪精卫等案，宣布"军政时期结束"，"训政时期开始"，并强调要将地方的政权、军权、财权完全集中到中央手中，以求"绝对统一"；会议产生的中央党部，由陈果夫、叶楚伧、戴季陶分任组织、宣传、训练部长，陈立夫任中央秘书长，蒋系集团牢牢控制了国民党中央的一切大权。

蒋介石在巩固自己地位的同时,开始采取措施对付盘踞一方的军事实力派。他沿袭中国历史上封建君主剥夺藩镇权力收归朝廷的故伎,采纳了政学系政客杨永泰建议的策略,决心实行"削藩",企图以此消除各地军事实力派的军权和地盘,将权力集中于蒋氏中央。

"削藩"的第一步是裁撤各地的政治分会。1928年8月,国民党二届五中全会正式提出撤销政治分会,作为会议的主要议题之一,引起了激烈争论。主张废除者冠冕堂皇地声称,现在军政时期结束,训政开始,依照建国大纲的规定,各省的政治由各省政府负责处理,处于中央与省之间的政治分会,自应裁撤,否则将使地方割据状态合法化。反对者也振振有词地说,为了清剿共产党,稳定地方,政治分会实有存在的必要。这些不同意见实际上代表了不同派别的利益。张静江、李石曾因会议争持不下,愤而离宁赴沪,迫使会议一度中断。最后大会达成妥协,同意各地政治分会继续保留到国民党三全大会召开之时,但对政治分会的权限加以限制,将任免地方党政军官员的权力收归中央。

"削藩"的第二步是将各实力派的首领调到中央做官,使其脱离老巢。1928年10月10日改组成立的国民政府,对各实力派首领都封予了中央的高官厚禄。冯玉祥任行政院副院长兼军政部长,阎锡山任内务部长,李济深任参谋部参谋总长,李宗仁任军事参议院院长。蒋介石还敦促他们立即到南京任职。但各实力派首领因害怕中了蒋介石的调虎离山计，都不肯前来。冯玉祥托辞由鹿钟麟代行军政部长职务，阎锡山保荐赵戴文行使内政部长职务，李宗仁则很快离宁返汉，李济深也避而不就参谋总长职。蒋介石的如意算盘落空了。

"削藩"的第三步是裁兵，即削减各大军事集团的兵力，并将其置于南京政府的控制之下。蒋介石知道，各实力派视枪杆子为命根子，绝不会轻易拱手交出。因此不得不谨慎从事，先从扩大宣传、制造舆论入手。

1928年6月12日，南京政府为北伐告成发表《对内宣言》，将裁减兵额列为五大要政之一，并根据蒋介石的建议，在南京设立裁兵善后委员会，办理裁兵事宜。

与此同时，为了配合蒋介石的裁兵建议，宋子文在上海主持召开全国经济会议，提出了《克期裁兵从事建设案》，称：现在全国共有84个军，共220万人以上，一年所需军费为6.4亿元，而现在全国每年的财政收入只有4.5亿元，"自非重行厘定军制，大加裁汰，实无以苏民生之积困"。为裁兵大造舆论。

7月11日，蒋介石邀请冯玉祥、阎锡山、李宗仁、白崇禧等在北平西郊汤山开会，商讨军事善后问题。经过两天的讨论，大家在形式上就整军裁兵等问题达成了一致意见，共同签署了《军事整理案》。其主要内容为：①设立编遣委员会，负责整编全国军队，原来的国民革命军总司令及各集团军总司令与海军总司令，一律取消；②选择各集团军中的精锐部队，编为50个至60个师；③全国军队打破原建制，统一编制，分期集训，军官分批调入中央军校训练或派往国外学习。

1928年8月召开的国民党二届五中全会，正式通过了《军事整理案》，并强调"军政军令必须绝对统一"，要"破除旧日一切以地方为依据，以个人为中心之制度及习惯"；"全国军队数量必须于最短期间，切实收缩"。随后国民政府宣布取消各集团军名义，明令撤销军事委员会，并特派何应钦负责筹备组织全国编遣委员会，以此表明裁兵的决心。

各实力派表面上都接受了统一整编的原则，但实际上，各怀鬼胎，想方设法使整编按照有利于自己的方式进行。

1928年12月，蒋、冯、阎、李、白齐集南京，举行编遣会议预备会议。冯玉祥首先提出了他的编遣标准："强壮者编，老弱者遣；有枪者编，无枪者遣；有训练者编，无训练者遣；有革命功绩者编，无革命功绩者遣。"接着，冯又提出了具体的编遣方案，主张第一、第二集团军各编12个师，第三、第四集团军各编8个师，其他部队编为8个师。

这一方案明显对第二集团军有利，难以为各方所接受。善于观察风向的阎锡山此时提出了自己的编遣方案：第一、第二集团军各编10个师，第三、第四集团军各编8个师，杂牌部队编6至8个师；除此之外，另设中央编遣区，由中央再编6至8个师。在这一方案中归蒋介石整编的部队数额有所增加，第三、第四集团军的数额并未减少，只有第二集团军的数额减少了，因此对冯玉祥最为不利，却正中蒋介石的下怀。

1929年1月，编遣会议在南京正式开幕。蒋介石把上述两个方案提交会议讨论。经过激烈争吵，多数代表赞同阎氏方案，反对冯氏方案。在阎锡山方案的基础上，会议通过了《国军编遣进行程序大纲》，规定除中央直辖各部队及海军各舰队，由编遣委员会直接办理缩编外，其他地区共设立6个编遣区，第一、二、三、四编遣区负责整编原第一、二、三、四集团军之部队；第五编遣区属于东北军；川、康、滇、黔各部队的编遣划归第六编遣区。缩编后全国陆军不得超过65个师约80万人。会议还正式成立了以蒋介石为首、包括各派军事领袖在内的全国编遣委员会，负责全国军队编遣事宜。

全国编遣会议的主要精神是，大量裁减各地的军队，剥夺地方实力派所掌握的军政权力，以收归于蒋氏南京中央。蒋介石对此并不隐晦，他在多次讲话中一再举日本明治维新为例，以日本天皇自视，要求各实力派以日本长州、萨摩诸藩为榜样，"深明大义，毅然决然奉还大政，归命中央"；并要大家吸取西乡隆盛因抗命中央而被镇压讨平的教训。各实力派自然不难理解他的弦外之音。

蒋介石的意图引起了冯、阎、李等人的恐慌和反感，他们预感到面临的危险，纷纷采取消极抵制的态度，使编遣会议通过的各种文件，统统成为一纸空文，根本无法贯彻。编遣会议最后以失败而告终，它不仅没有达到蒋介石削弱和消灭异己力量的目的，反而激化了各大实力派与蒋介石的矛盾，埋下了此后国民党新军阀一系列战争的种子。

编遣会议后，蒋介石继续推行消除异己、集权中央的既定方针。他见软的一手不能奏效，便准备采取硬的一手，企图通过军事和其他手段迫使各方屈服。这时，策士杨永泰又献上分而治之的策略："军事解决第四集团军，政治解决第三集团军，经济解决第二集团军，外交解决东北军"，蒋介石视为锦囊妙计，决定先在桂系头上开刀。国民党新军阀之间的战争由此拉开了序幕。

蒋桂战争

自北伐以来，桂系实力迅速扩张。1926年北伐开始时，桂系部队一分为二，分别编为第七军和第十五军。李宗仁率第七军参加北伐，黄绍竑则率第十五军担任留守。在北伐中，第七军参加了多次重大战役，功不可没。

1927年春，桂系参与了蒋介石发动的"四·一二"政变，成为南京国民政府的主要军事支柱之一。但蒋桂之间的矛盾也逐渐暴露出来。同年8月，李宗仁、白崇禧联合何应钦，利用徐州失利之机，发动倒蒋，迫使蒋介石一度下野。1928年春，桂系又与程潜合作，发起西征讨唐，击败并收编了唐生智部；随后，又将程潜软禁，控制了湖北和湖南。

在第二次北伐中，桂系部队由第七军1个军，扩充为第四集团军的12个军62个师，总兵力达20万人之多，增加了将近10倍。白崇禧带兵北上，更将桂系势力扩展到河北和平津一带。白曾抑制不住地以得意口吻宣称："太平天国时两广军曾一度进抵天津，至于北京，诚哉其为破天荒也。"

这样，桂系在很短的时间内，就膨胀为以两湖为中心、以两广为依托、纵贯南北的强大军事集团，对以蒋介石为首的南京中央政府构成了很大威胁。蒋介石私下曾对人说，"人们常说：平、粤、沪、汉这四个地方拿在手里，全中国就都在手中了"。表示了对桂系势力的极大忧虑。因此，当蒋介石决定使用武力铲除异己之时，桂系便成为他的第一个打击对象。

蒋桂战争的导火线是所谓湘案。湖南是连接广西和中原的重要通道，因此成为蒋、桂争夺的焦点。在蒋介石的极力拉拢下，当时的湖南省主席鲁涤平完全听命于南京，一切惟蒋命是从，而与桂系貌合神离，这引起了桂系的极大不满。桂系遂决定先发制人，赶走鲁涤平，清除两湖地区的亲蒋势力。

1929年2月19日，武汉政治分会决议免去鲁涤平职务，改组湖南省政府，以何键为湖南省主席，并派夏威、叶琪率领桂军进攻长沙。鲁涤平措手不及，乘外轮仓皇逃往南京。桂系控制了湖南省。这就是所谓的湘案。

湘案发生后，蒋介石立即抓住桂系违反编遣会议决定，擅自任免地方官员的把柄，大做文章。他一方面发动政治攻势，对桂系的行动大加指责，并派监察院院长蔡元培赴武汉核查；另一方面，积极调动部队，向湖北进逼，准备讨伐桂系。蒋介石宣称：为维持中央威信计，武汉政治分会的此项措施，断难照准；并表示："中央对此事但能用政治手段解决，亦不肯轻于用兵，如不就范自当出于一战。"对桂系施加压力。

为了解决桂系，蒋介石施展各种手段，采取了"外部孤立，内部瓦解"的策略。从外部来说，当时桂系如与冯、阎相联合，共同反蒋，则对南京政府极为不利。因此，蒋介石在准备讨伐桂系的同时，派何成濬、邵力子分别奔走于南京、开封、太原之间，极力争取西北军、晋军的合作。

在蒋介石的拉拢下，冯玉祥、阎锡山分别发表通电，支持南京，声讨桂系。冯玉祥还派韩复榘率兵南下，与蒋军形成共同夹攻武汉之势，使桂系陷于孤立。

蒋介石从内部瓦解桂系，分三个步骤进行。首先，起用唐生智，驱逐白崇禧。驻扎在河北、平津一带的白崇禧部队，属于被桂系收编的唐生智旧部。该部官兵希望返回湖南家乡，军心不稳。唐生智于西征讨唐之役被桂系打败后，逃亡日本，不久又返国寓居青岛，伺机再起。蒋介石遂决定重新起用唐生智，任命他为第五路军总指挥，并付以巨款，嘱其收抚旧部，效忠南京。唐旧部闻讯后，立即表示拥唐驱白，白崇禧见势不妙，只得仓皇逃往广东。3月20日，唐生智由天津赴唐山收集旧部，各部重新归其节制，并通电声讨白崇禧，声明拥护南京中央。蒋介石利用唐、桂矛盾，不费一兵一卒，就解决了河北的桂军。

其次，软禁李济深，拆散桂、粤联盟。粤、桂关系历来密切。当时主持广东的李济深是广西人，与李宗仁、白崇禧同乡，双方结为奥援，互相呼应。湘案发生后，蒋介石借机邀请李济深北上，居中调停。李宗仁曾力劝李济深不可去南京。但蒋介石特派蔡元培、李石曾、吴稚晖和张静江四位元老前来劝驾，李济深禁不住他们的力促和担保，于3月12日与之同车抵达南京，随即受到监视，并于21日被软禁于汤山。李氏被囚后，广东群龙无首，在蒋介石的软硬兼施下，陈铭枢、陈济棠联名发表通电，主张和平，服从中央。被视为"桂系"的粤军，就这样站到了南京一边。

再次，利用俞作柏，策反李明瑞。桂系在武汉的基本部队是夏威第七军、胡宗铎第十九军和陶钧第十八军。李宗仁主张鄂人治鄂，胡、陶是湖北人，所以湖北的军政大权，操于胡、陶二人之手。第十八、十九军官兵的待遇，远较第七军为优，引起第七军不满，而有"广西人拼命打仗，湖北人升官发财"的牢骚。蒋介石拉拢桂系将领俞作柏，封其为上将总参议，并许以倒桂成功后，任命他为广西省主席。俞在高官厚禄引诱下，表示愿为蒋效力；遂携带巨款去武汉，策反其表弟、第七军师长李明瑞，约定在前线伺机倒戈。

在桂系方面，李宗仁坚持认为撤换鲁涤平、进军湖南属于地方局部事件，是第四集团军整顿内部，中央不应过问，拒绝各方调停，表现出强硬的态度。同时，桂军在鄂东沿江的黄梅、武穴一带，增加兵力，构筑工事，积极备战。李宗仁对形势估计过于乐观，私下对人表示："中国过去事实，如袁（世凯）、黎（元洪）、徐（世昌）、曹（锟），不战尚可维持一时，一战则政府随倒复。"这样，战争尚未爆发，桂系在政治、军事上已陷入被动境地。

一切准备就绪后，南京国民政府于3月26日正式发布对桂系的讨伐令，称"此次逆谋实为李宗仁、李济深、白崇禧等预有共同计划之叛乱行为"，随即将三人撤职查办。蒋介石迅速组成讨逆军，以朱培德为第一路总指挥兼第三军军长，刘峙为第二路总指挥兼第一军军长，陈调元为预备队总指挥，讨逆军行营设在九江。

3月28日，蒋介石制定了《讨逆军作战计划》，规定："讨逆军以迅速消灭两湖反动军队，然后肃清两广为目的。分两期作战：第一期由三路进攻主力略取武汉，同时，以一部攻击长岳路附近之敌人，务期于两广逆军未到以前，一举而歼灭之；第二期肃清湘南及两广之逆军。"次日，蒋介石亲赴九江督师。蒋桂战争正式爆发。

桂系主力集中于武汉地区，夏威、胡宗铎、陶钧等部约有10万余人。战事一开始，胡宗铎、陶钧在黄陂、阳逻、武汉一带设置重兵，以防蒋军进攻武汉；夏威部则占据武长路北段，以确保武汉桂军之退路。蒋介石决定江左军向武汉急攻，江右军西进，攻取武长路，以截断桂军退路；同时任命冯玉祥部韩复榘为讨逆军第三路总指挥，由豫南向武汉进逼；任命何键为讨逆军第四军军长,扼守湘边,以阻止桂军入湘。

3月26日,讨逆军江左、江右各军同时发动攻击。因鄂东桂军欲避免过早决战,由黄梅、武穴一带节节西撤,故蒋军江左刘峙第二路军进展迅速,至4月1日,已相继占领武穴、广济、罗田、蕲春、黄冈、麻城,抵达宋埠、团风之线,并继续向黄陂、阳逻一带攻击前进,蒋介石乘军舰亲至黄州,向刘峙面授进攻方略。江右朱培德第一路军由九江、南昌向修水、铜鼓之线推进,4月3日,到达阳新、铜鼓一带,并向咸宁、贺胜桥兼程攻击前进。同日,桂军李明瑞率部4个旅在湖北孝感倒戈,形势骤变。胡宗铎、陶钧、夏威闻讯,知大势已去,遂下令实行总退却。桂军仓皇撤离武汉,分别退往沙市、宜昌。

4月5日,蒋军兵不血刃进入武汉。蒋介石立即委任鲁涤平为武汉卫戍司令,刘文岛为武汉市长;并任命朱绍良、张发奎分别为第一、二路追击司令,与海军相配合,从水陆两路向鄂西追击败逃桂军。蒋军穷追不舍,连占沔阳、潜江、监利;川军刘湘亦派部队配合,由西向东夹击桂军。桂军残部无力抵抗,只得请求投降改编。21日,胡宗铎、陶钧通电下野,将职权交李石樵、郑重接代,部队听候改编。第四集团军的主力至此全部瓦解。

为彻底消灭桂系势力,蒋介石决定组织力量,发动第二期作战,进攻桂系的老巢广西。4月14日,蒋介石制定了《讨逆军第二期作战计划》,规定"以根本铲除桂逆之目的,由湘、鄂、滇三路进攻广西"。他命令湖南的何键第四路军、广东的陈济棠第八路军和云南的龙云第十路军从三面会攻广西。

李宗仁、白崇禧逃回广西后，亦不甘于失败，他们和黄绍竑共同策划，决定在政治上打出"护党救国"的旗号，与北方的冯玉祥加强联合，以壮声势；在军事上，以攻为守，争取主动；同时避免数面作战，分散兵力，而集中全力攻取广东，企图以两广为根据地，再谋大举。

5月5日，李宗仁在梧州就任护党救国军总司令，通电讨蒋。接着桂军倾巢而出，分兵两路，进攻广东。第一路由黄绍竑指挥1个师5个团，由西江沿三水进攻广州；第二路由白崇禧指挥2个师1个旅，经怀集、广宁、四会、三水进攻广州。粤军余汉谋、香翰屏等部，凭险抵抗，战斗异常激烈。21日，两军在广东白泥展开血战，桂军轮番猛攻不下，伤亡惨重，第二师师长黄旭初、第一师副师长梁朝玑，先后负伤，第十五旅旅长王应榆被俘，桂军攻势顿挫，攻粤战事失利。

正当桂、粤激战之时，何键部湘军乘虚而入，于15日攻占桂林，直迫柳州。桂军两面受敌，处境恶劣，白崇禧急忙掉头北上，迎击湘军，经过激战，迫使湘军全线后撤，取得桂北战事的胜利，但已无法扭转大局。

蒋介石在广东取胜后，又集中粤、湘军和桂军李明瑞部进攻广西。6月2日，联军乘虚袭占梧州、桂平，进迫南宁。6月7日，南京政府任命俞作柏为广西省主席。黄绍竑见势难以抵抗，遂在"广西人不打广西人"的口号下，与俞作柏、李明瑞取得谅解。黄绍竑、白崇禧随即下野，经过越南转抵香港，与已在那里的李宗仁会合。至此，蒋桂战争宣告结束。

蒋桂战争是南京政府统一全国后，国民党新军阀之间爆发的第一场战争，它是1929年至1931年间国民党新军阀一系列混战的起点。蒋桂战争以蒋介石胜利和桂系失败而告结束，它不仅使蒋介石南京政府的统治得到巩固，而且使其直接治理的地区，由原来的苏、浙、皖、赣、闽5省，加上湘、鄂，扩大为7个省，长江中、下游纳入了南京政府的有效控制之下，这都加强了蒋介石在国民党新军阀中的地位和力量。

3 蒋冯战争

在各集团军中，冯军人数仅次于第一集团军，战斗力最强，所以冯玉祥曾经是蒋介石极力拉拢的主要对象，冯对蒋也推崇备至，竭诚拥戴，双方的关系一度打得火热。

第二次北伐时，蒋、冯曾于开封会议后，在郑州按传统方式交换兰谱，结为兄弟。冯年长为兄，蒋年轻为弟。蒋的盟词为"安危共仗，甘苦同尝，海枯石烂，死生不渝"；冯的盟词为"结盟真意，是为主义，碎尸万段，在所不计"。两人指天画地，信誓旦旦。然而，当暂时的互相需要不复存在，利益的冲突摆在面前时，两人立刻由"死生不渝"的结拜兄弟变成了不共戴天的冤家对头。

收复京、津时，蒋介石抬阎抑冯，将接收大权交给阎锡山，使冯玉祥大为不满。在编遣会议中，蒋介石又否定冯氏方案而采纳阎氏方案，削减冯军名额，更使冯玉祥为之愤愤不平。国民政府改组后，冯玉祥曾率领他的文官武将，到南京"中央"就任行政院副院长兼军政部长。但好景不长，"削藩策"使蒋介石与各方"诸侯"之间的矛盾日益尖锐，冯玉祥也疑虑丛生，倍感威胁。在1929年2月的一次会议上，蒋当着冯的面，再次提到日本明治维新，诸藩归还大政，西乡隆盛因抗命而被讨平的故事，要大家借彼鉴此，功首罪魁，自己选择。冯玉祥对蒋的含沙射影极为恼火，会后对亲信说："蒋先生今天又说西乡隆盛，今天还有西乡隆盛吗？谁是西乡隆盛呢？"一怒之下，遂不辞而别，出城渡江返回开封。蒋冯关系出现裂缝。

在蒋桂战争中，冯玉祥表面支持南京政府讨伐桂系，但暗中仍与桂系保持联系，意存观望。他派韩复榘率兵南下鄂北，并非想真正参战，而是欲乘蒋桂两虎相争之机，坐收中间之利。蒋介石看穿了冯的意图，认为冯"态度莫测，（与桂系）俨有遥与呼应之势"，命令部队对韩复榘部保持戒备，"以备非常事变"，打败桂系之后，蒋介石就将兵多将广、占有广大地盘的冯玉祥视为最大的敌人，迫不及待地转移兵力，调兵遣将，准备对付冯玉祥。

蒋冯冲突的直接起因是山东接收问题。第二次北伐时，蒋介石将河北和平津划给阎锡山，冯军只获得了山东，冯系孙良诚被任命为山东省主席。当时，济南和胶济沿线都在日军手中，冯军所掌握的地区不过全省的1/3。冯军虽拥有河南、陕西、甘肃、青海、宁夏5省，但都是贫瘠地区，收入短绌，财政困难，处境十分艰苦，因此对接收相对富庶、财源较丰的山东省，以改善全军状况，抱有迫切的希望。

1929年4月，日军开始从山东撤兵，接收问题提上议事日程。但蒋介石为防止冯军扩张，决定改变原定计划，另派部队接收青岛至潍县以东与沿海地区，不让孙良诚接收山东全省。冯军对此反应强烈。孙良诚于4月25日辞去山东省主席职务，次日即率部离鲁返鄂，并通电全国说明离鲁原因及经过，蒋冯矛盾迅速激化。

蒋介石积极准备讨伐冯玉祥。他于1929年4月制定了《国军对冯警备计划》，提出："为防编遣期内冯军发生异变起见，国军集结主力于豫西、鄂西及平汉、陇海沿线一带，伺其发动，一举而歼灭之。"并命令第二路第一军集中信阳、广水、花园间，第二军集中襄樊、邓县、新野间；第五路第八、九两军集中洛阳、郑州一带，第十军集中许昌、郾城间；第一路第三、四两军集中徐州、开封间，积极备战。同时，在报刊上发表文章称："欲消弭内乱，非铲除军阀不可。欲铲除军阀，非根本扑灭封建地盘思想不可"，为发动讨冯战争制造舆论。蒋冯战争一触即发。

面对蒋介石咄咄逼人的军事部署，冯玉祥不得不采取相应的措施。5月中旬，冯玉祥在陕西华阴召开军事会议，商讨对策。会议分析了形势，认为蒋介石挟战胜桂系之余威，气焰正盛；而冯军战线过长，兵力分散，前有蒋军，后有阎军，形势十分不利，遂决定收缩兵力，缩短战线，将部队从山东、河南一律撤至潼关集结。随后，冯军各部队纷纷西撤。韩复榘、石友三部从信阳、襄樊撤退，并炸毁武胜关隧道，以断绝蒋军进兵之路；孙良诚部亦由河南西撤，并将归德至马牧集之间的13座桥梁及铁路、电线悉数破坏。5月16日，冯军将领刘郁芬、宋哲元、孙良诚等通电全国，要求蒋介石下野，并宣称拥护冯玉祥为"护党救国军"西北军总司令，统50万大军与蒋周旋。

5月23日，国民党中央宣布永远开除冯玉祥党籍。次日，国民政府下令查办冯玉祥。蒋介石为此发表告第二集团军将士书，称冯为"叛党之军阀"，蒋军将领何应钦、刘峙、朱绍良等亦为之摇旗呐喊，致电蒋介石要求"中央迅颁明令，用张达伐"。南京政府杀气腾腾，一片讨冯之声。

与此同时，蒋介石又使出惯用的伎俩，对西北军进行分化瓦解。他首先策动韩复榘、石友三叛冯投蒋。韩本不愿放弃现有地盘撤回西北贫瘠地区，故对冯玉祥的西撤决定颇有异议，又受到蒋介石的拉拢利诱，遂决定背叛老长官，投靠新主子。他将旧部从陕州带到洛阳，脱离冯玉祥，5月22日，韩复榘发出通电，声称"维持和平，拥护中央"；次日又通电拥蒋。石友三立即在许昌通电响应，也宣布拥蒋反冯。蒋介石对韩、石二人奖励有加，送去500万元作为韩、石两部的经费，分别委任韩、石为河南、安徽省主席，石友三还担任了讨逆军第十三路总指挥。

此外,蒋介石又先后策动刘镇华、杨虎城、马鸿逵等部叛冯投蒋。在蒋介石的利诱、瓦解策略下,西北军出现了第一次大分化。

蒋介石的另一着棋,是动员其他实力派参加讨冯。他首先拉唐打冯。唐生智重新出山后,不甘地处一隅,时刻企图问鼎中原。蒋介石任命他为南京政府军事参议院院长,又于5月23日委以讨逆军第五路总司令,唐生智欣然就任,即率领所部由唐山一带赶赴徐州,并通电全国宣布讨冯。随后,又在蒋军配合下沿陇海线西进,充当讨冯的先锋。

山西阎锡山是蒋介石拉拢的另一主要对象。蒋利用冯阎矛盾,极力拉阎反冯,以孤立冯玉祥。蒋介石致电阎锡山,诡称西北军若展开行动,山西将成为首要目标;表示愿与阎采取同一立场:对冯方针"和战皆惟兄意为准。如果作战,则一切计划亦由兄先决定"。阎锡山从自身利益出发,反对武力讨伐,主张和平解决。他于5月22日致电冯玉祥,劝其下野,并表示愿意"陪兄远游,去则同去,来则同来,南山可移,此志不变",做出了愿与冯一同下野的高姿态,以取悦双方,抬高自己。

经过一番讨价还价,蒋、阎之间达成了逼冯下野的共识,对冯用兵问题,决定以冯之去留为转移,去则罢兵,不去即讨伐。蒋介石还制定了《讨逆作战第一期作战计划》,兵分三路,蒋自兼南路军总司令,以阎锡山为北路军总司令,唐生智为东路军总司令,对冯军取包围态势,定于7月发起攻击。

冯玉祥外有蒋介石的强大压力,内部又分崩离析,审时度势,不敢贸然迎战,遂决定接受阎锡山的下野劝告,采取避其锋芒、免战自守的策略,以等待时机再行反蒋。5月27日,冯玉祥发表下野通电,称将"洁身引退,以谢国人","从此入山读书,遂我初服"。同时,西北军在潼关坚守不出,避免战争,保存实力。阎锡山即偕其夫人徐友梅,亲抵山西运城迎接冯玉祥。在得到蒋介石保证生命安全的许诺之后,冯玉祥于6月25日抵达太原。阎锡山随即将其安排在太原西郊的晋祠住下,并盛情款待。同日,阎锡山、冯玉祥联名发表出洋通电。北方形势趋于缓解,一场迫在眉睫的蒋冯战争的危险暂时消除了,军事冲突代之以波谲云诡的政治较量。

阎锡山邀请冯玉祥一起下野出洋,完全是故作姿态。其实,他既不打算下野,更不准备出国,而是视冯玉祥为奇货可居,将其作为筹码,同蒋介石做交易,迫使蒋对晋系做出让步。

6月30日,阎锡山应蒋介石电邀抵北平,报告冯玉祥出洋事。蒋力劝阎勿出洋,下午蒋复至阎住宅再三挽留。阎锡山仍然不肯轻易放下姿态,他对新闻记者发表谈话,称此次系出洋前来向蒋辞行,拟于7月15日同冯氏夫妇在天津乘南岭丸出发,先至日本,度过夏季再游欧美,家属等随行。但7月2日,阎锡山忽称吐泻住进德国医院,谢客养病。

7月9日,蒋介石、阎锡山、张学良在北平西山举行会议，决定由阎锡山负责全权处理西北军善后问题。蒋、阎二人经过密谈，蒋介石委任阎为全国陆海空军副总司令，阎则答应协助蒋尽快解决西北军，达成了共同对付冯玉祥的秘密协议。阎锡山达到了目的，没有必要再做表演，就以身负"党国重任"、"各方坚留"为借口，将出洋事搁下不提，并把冯玉祥由晋祠迁到离太原更远的五台县建安村软禁起来。

蒋介石打败了桂系，挫败了冯军，自以为地位巩固，再无人敢公开挑战，决心趁着有利形势，借助军事胜利之声威，贯彻"削藩策"，把上次编遣会议通过的决议付诸实施。

经过一番紧锣密鼓的准备，全国编遣实施会议于8月1日至6日在南京举行。会议发表了《国军编遣实施会议宣言》，宣布实行"大裁大减"，把各编遣区应当保留的军队数量，从原来的10个至12个师一律压缩到7个至9个师；大会的各项决议都没有讨论的余地，会议宣称是否实施编遣决定，是"革命与反革命"、"革命与不革命"和"革命与假革命之所攸分"。

蒋介石加紧推行"削藩"，使他与各实力派的关系顿时紧张起来，各派力量都在四处活动，重新组合，这种情况为冯玉祥再次反蒋创造了条件。

西北军将领对阎锡山的背信弃义十分痛恨。为了拆散蒋阎联盟，软禁中的冯玉祥设法授意留陕主持西北军的宋哲元，要他绕开阎锡山直接同蒋介石联系，向南京靠拢。于是，西北军在7月中旬派代表到南京求见蒋，表示西北军接受中央指挥，要求接济军饷。

蒋介石认为西北军向他屈服了，就派于右任、贺耀祖到西安宣慰与点编西北军，安抚冯部将领，供给军饷，还将已被免职的冯系人物请回南京，并任命鹿钟麟署理军政部长。南京与西北军的关系有所缓解。

阎锡山对蒋、冯关系的缓和深感不安，担心双方联手对己不利。8月10日，南京政府又批准阎锡山辞去本兼各职，任命商震、徐永昌分别为山西与河北省主席。阎锡山认为蒋介石可能会对他采取行动，遂决定改变对冯玉祥的态度，拉冯反蒋。他于中秋之夜，亲自前往建安村，设宴陪同冯玉祥赏月，以示赔礼道歉，席间阎大骂南京，并说："反蒋的时机已经到了"，极力怂恿冯再度兴师反蒋，并表示愿意精诚合作，负责一切供应。冯玉祥同意捐弃前嫌，与阎合作。他们约定，先由西北军发动，拥戴阎为首领，晋军随后响应，共同反蒋。阎还派人前往西安，与宋哲元等人接洽，提出第二、三集团军应该密切合作，一致行动。

冯玉祥与阎锡山商定反蒋计划后，即指示宋哲元、孙良诚出面发动倒蒋，他则暂居幕后指挥，以留回旋余地。西北军接到指示，立即厉兵秣马，准备行动。

10月10日，宋哲元在西安举行誓师大会，宣布讨蒋。同日，宋哲元等27名西北军将领联名发表措辞激烈的讨蒋通电，列举了蒋介石六大罪状，指责其"假中央集权之名，行专制独裁之实"，称"蒋氏不去，中国必亡"，宣布拥戴阎锡山、冯玉祥为国民军总、副司令，"率四十万武装同志，即日出发"。西北军以石敬亭、孙良诚、庞炳勋、宋哲元、刘汝明、冯治安、孙连仲、张维玺、田金凯为第一至第九路总指挥,实际总兵力约20余万人。

发出讨蒋通电后,西北军即兵分三路向河南进攻,一路由孙良诚指挥,沿陇海路出潼关东进,进攻洛阳、郑州;另一路由孙连仲、刘汝明指挥,出紫荆关,进袭南阳;第三路由张维玺指挥,从汉中、兴安出老河口。宋哲元也将总部由西安移到潼关,以便就近指挥。

10月11日,南京政府以"破坏编遣,背叛中央,陈兵作乱"为由,明令讨伐宋哲元等西北军将领。13日,蒋介石发表《告全国将士书》,称"冯系逆军乃中国统一之最后障碍",号召彻底消灭"逆军",并组成讨逆军,自任总司令,以方鼎英、刘峙、韩复榘、何键、唐生智为第一至五路军总指挥。为拉拢唐生智,蒋介石特任命其为前敌总指挥,并下令前线各军均归唐统一节制,还称"即本总司令亦惟唐总指挥之意见是从"。蒋介石将唐生智第五路军集中于郑州、巩县、登封、许昌一带,阻击潼关东进之冯军;方鼎英第一路军集中于郾城、叶县一带向西进攻;刘峙第二路军集中于襄樊、广水、花园一带,相机北进。蒋军的作战意图是先将冯军主力歼灭于潼关、紫荆关、白河以东地区,然后长驱西安,一鼓而荡平之。

战事之初,西北军攻势甚猛。陇海线是其主攻方向,西北军在这里集中了孙良诚、庞炳勋军的全部和宋哲元、石敬亭军的大部。10月12日,孙部前锋已占领洛阳,并继续向东进攻,双方在黑石关、登封、临汝一带展开激战。至28日,冯军又攻克登封。31日,唐生智第五路军转守为攻,全线出击。11月1日,蒋介石亲抵许昌指挥作战,唐生智也亲至西村前线督战。冯军顽强抵抗,蒋军派飞机助战,投弹轰炸,双方伤亡惨重。相持至11月中旬,冯军不支后退,战局急转直下。16日,蒋军攻克登封;次日,又下临汝;20日,占领洛阳。在南线,蒋军相继攻占老河口、谷城和南漳。西北军固守陕县、潼关,主力退回陕西。

西北军第二次反蒋,前后不到两个月就失败了。其主要原因是阎锡山的出尔反尔和西北军内部的不团结。

蒋冯战争爆发后,阎锡山没有照原来约定的计划起兵响应,而是按兵不动。蒋介石为了分化冯阎同盟,竭力拉拢阎锡山。10月28日,南京政府特任阎为陆海空军副总司令,并许诺每月拨款680万元给阎作为"协饷"。阎锡山见形势于西北军不利,遂见风使舵,改变态度,附蒋倒冯。他先劝冯玉祥命令西北军停止军事行动,实行编遣,将进入豫南各军退回潼关;接着,又于11月5日宣布就任全国陆海空军副总司令,同时,在北平、太原等地召开"讨逆大会",以表示晋系完全拥护中央。随后晋军对冯军处于敌对状态。这样,就使西北军陷入了被动的孤军作战的境地。

从西北军内部看,缺乏统一的军事指挥,宋哲元与孙良诚争当首领,互不相让,在郑州以西的战斗中,两人各行其是,互存戒心,争相西撤,使西北军陷入混乱,全线动摇,导致了战争的失利。

4 蒋张桂战争

1928年至1930年间，国民党内的反蒋斗争主要采取了两种形式。一种是各地方实力派反抗南京中央政府的武装斗争，另一种是以改组派为首的国民党内反蒋势力为争夺国民党中央控制权的政治斗争。

全国编遣会议之后，蒋介石厉行"削藩"，各地方实力派纷纷举兵反抗，战争连绵不断。另一方面，国民党三全大会之后，改组派被彻底排除在外，他们的反蒋斗争也日趋激烈。但是，改组派没有枪杆子，"秀才造反，三年不成"，因而，他们也开始重视军事斗争，打出"护党救国"的旗子，企图把地方实力派纠集起来，共同反蒋。同时，各地方实力派面对蒋介石动辄以"中央"自居，宣布"讨伐叛逆"，也急需找到一面旗子，与之对抗。于是，地方实力派的军事斗争和改组派的政治斗争互相结合，推波助澜，演出了更大规模的反蒋战争。张发奎和桂系，唐生智和石友三的反蒋活动，都是在所谓的"护党救国"旗帜下进行的。

为了联合各实力派共同反蒋，改组派于1929年5月在上海发起组织了"中国国民党护党救国大同盟"，并发表宣言称"三全大会以后的国民党几乎尽变成蒋中正个人御用的党，吾党同志誓死不能承认"，号召"组织护党革命军，直捣南京政府"，"铲除叛徒蒋中正的一切势力"，恢复党权；提出欢迎汪精卫回国，重组国民党中央，建立护党政府，并决定设总部于沪上，设分部于各行省，领导护党运动。

护党大同盟成立后，当时各地的实力派如唐生智、张发奎、石友三、李宗仁、何键、四川的刘文辉等，都派出代表参加了这个组织，阎锡山与冯玉祥虽然没有参加，但也与之建立了经常性的联系。"护党救国"一时成了各派反蒋势力的时髦口号。

远在法国的汪精卫看反蒋条件逐渐成熟，立即派陈公博回国，策动各实力派的反蒋运动，汪本人也于9月从法国动身返国。

张发奎因于1927年12月发动广州事变，驱逐李济深和桂系势力，被南京国民政府解职，被迫下野出洋，由所部师长缪培南升任第四军军长，率部北上，参加北伐。第二次北伐后，第四军缩编为第四师。1929年3月蒋桂战争爆发后，张被蒋介石重新起用，任第一路追击司令，率第四师进兵鄂西，与蒋军配合作战，将桂军残余缴械消灭。随后张部即驻防宜昌。

全国编遣实施会议之后，蒋介石加紧削减各实力派武装，张发奎部亦在整编之列。9月中旬，蒋介石命令张发奎部，由湖北宜昌地区移往江苏北部的海州地区接受整编，还指定张部乘船沿长江东下，到浦口转乘火车北上；并派驻在福建的曹万顺师前往宜昌接防。张发奎接到命令后顿生疑虑，即召开军官会议商讨对策，大家认为"显系南京方面另有阴谋，预期本师到达浦口后，以海陆军包围缴械"。于是"一致主张护党救国"，起兵反蒋。

9月17日，曹万顺师开到宜昌，准备接防。张发奎采取突然行动，将曹部解除武装，并发表通电，提出三点主张：取消三全大会选出之代表；铲除南京政府之腐恶势力；欢迎汪精卫先生回国主政。张发奎随即率部由宜都、枝江渡过长江，进入湘西沣县、石门、慈利、常德、大庸一带，同时致电香港陈公博，要求接济军饷并拟进入广西与俞作柏会合，然后率部回广东。

张发奎起兵反蒋后，陈公博立即策动俞作柏响应。9月24日，汪精卫联合国民党二届中委12人在香港通电反蒋，称："我武装同志……同仇敌忾，早具决心，露布到日，立即迅提义师，扫除叛逆"。反蒋声势大增。27日，广西省政府主席俞作柏、师长李明瑞等在南宁通电响应张发奎宣布独立，并就任护党救国军总司令，率部与广东陈济棠部作战，蒋张桂战争爆发。

9月20日，南京政府下令罢免张发奎的一切职务，任命粤系将领黄镇球接任第四师师长。针对张发奎急于进入广西与桂军会合的企图，蒋介石决定采取围追堵截的方式，争取在张部转移途中予以消灭。他首先命令刘峙、川军刘文辉等部追击张军，并派陈绍宽率领6艘军舰到宜昌助战；南京政府还拨出100万元专款，作为追剿张部的军费。

张发奎部由鄂西进入湘西后，因沿途受到吴尚师、李抱冰及陈渠珍等部的截击，而停止于溆浦、新化、安化之间，从事休整。蒋介石又命令何键湘军予以围剿。张部为摆脱包围乃急趋龙潭，欲取道洪江入桂，因受到湘军周斓部之阻击,复折向大江口,与刘建绪、李觉两部激战,终于突破湘军防线,于10月底进抵湘、桂、粤边境,准备联合桂军,进攻广东。

在广西方面,桂系内部首先发生了分裂。俞作柏主政广西不满3个月,基础并不巩固。原来李宗仁、白崇禧的部下吕焕炎、杨腾辉等都心怀不满。蒋介石利用俞部的不和,收买了吕、杨等人。俞作柏宣布独立后,吕、杨立即拥兵反俞。

10月2日,南京政府下令免去俞作柏、李明瑞职务,任命吕焕炎为广西省主席,杨腾辉为广西编遣分区主任;同时命令陈济棠立即率第八路军与海军入桂讨伐;又任命朱绍良为第六路总指挥,率领第八师及毛炳文、谭道源各师,开往广东,配合粤军作战。吕焕炎随即发表通电,欢迎粤军入桂攻俞。

陈济棠决定以粤军香翰屏、余汉谋、蔡廷锴3师分三路入桂。10月4日,粤军余汉谋、香翰屏部进抵梧州,陈策率领的广东海军也进入广西境内。9日,陈济棠下令粤军发动总攻,俞、李部纷纷易帜,粤军遂兵不血刃,长驱直入,占领桂平。俞作柏、李明瑞孤守南宁,南受杨腾辉部压迫,北有粤军沿江而下,形势岌岌可危,只得于13日放弃南宁,退往桂南龙州。吕焕炎、杨腾辉率部进驻南宁、桂林,至10月下旬,广西战事暂告一段落。

吕焕炎叛桂投蒋,引粤入桂,遭到桂系军人的普遍反对。李、白旧部派人到香港,敦促李宗仁等返桂领导,重整局面。同时,汪精卫鉴于张发奎部已经南下，广西局势混乱，也希望李宗仁等能返回广西，重整旗鼓，共同反蒋。经过唐生智的牵线，汪精卫与黄绍竑在香港会面，表示改组派和桂系重归于好。双方决定张发奎部与桂系联合，共同抗击粤军。于是，黄绍竑、白崇禧、李宗仁相继潜回广西，召开军官会议，统一了桂系各部，并命桂军向东集结，准备进攻粤军。粤军闻讯，即向广东撤退，广西全境重归李宗仁等掌握。

11月上旬，李宗仁在南宁宣布就任"护党救国军"第八路军总司令，黄绍竑任副总司令兼广西省主席，白崇禧任前敌总指挥。张发奎部亦于此时进入广西。16日，张发奎在广西恭城发表通电，声称将与桂军联合，攻取广州。17日，李宗仁、张发奎以护党救国军第八、第三路军总司令的名义，联合通电讨蒋。24日，黄绍竑与张发奎在石桥会晤，商讨两军联合作战事宜，决定组成张桂联军，共同进攻广东。

张桂军的作战计划是"以攻取广州为目的，拟将敌之主力压迫于广州以西地区而歼灭之"。桂军下辖吕焕炎、杨腾辉2个纵队共6个师，担任中央及右翼，进攻粤汉铁路正面及其以西之敌；张部包括邓龙光、黄镇球、吴奇伟、陈之馨4个师，担任左翼，向粤汉铁路以东花县方面之敌攻击。张桂联军随即发起攻击，26日张部先头部队已抵怀集，进袭四会、清远；桂军则沿江东进攻梧州，先锋抵达德庆，进逼禄步，张桂两军互相呼应，锐意东进，粤、桂战事再起。

针对张桂军的攻势，蒋介石作了如下部署：成立广州行营，特派何应钦为主任，全权指挥对桂战事；命陈济棠第八路军坚守北江待援，急调朱绍良第六路军南下增援广东。

11月24日，何应钦赴粤指挥作战。12月4日，何应钦在广州下令分五路向张桂军进攻：第一路谭道源师，由连江前进；第二路余汉谋师，由清远、三坑前进；第三路李扬敬师，由白泥、国泰前进；第四路香翰屏师，由芦包、黄冈前进；第五路陈继承师，扼拒三水；蔡廷锴师守军田。双方展开激战。张发奎部攻势凶猛，12月7日，迫进离广州不远的两龙墟，与朱绍良部激战两昼夜，朱部已告不支，向后溃退，广州人心动摇，形势危急。幸蒋光鼐、蔡廷锴率部及时驰援，始将战局扭转。蒋军凭借飞机助战，向张军猛烈反攻，两军激战四昼夜。张发奎部师长黄镇球及3个旅长相继负伤，部队死伤惨重，难以支持，被迫于12日晚向后撤退。桂军得知张军失利并撤退的消息之后，亦于13日全线后撤。张桂联军进攻广东战役，至此宣告完全失败。

张桂联军纷纷从广东向广西境内退却，蒋军即跟踪追击，于12月19日攻克梧州，然后分兵两路，南路由陈济棠第八路军攻略南宁，北路由朱绍良第六路军和湘军攻取桂林。22日，吕焕炎突然在南宁通电声讨"桂逆"，桂系内部发生分化。同时因唐生智、石友三在郑州、浦口起兵讨蒋，北方形势紧张，于是蒋介石撤销广州行营，调何应钦回武汉行营主持，广西军事交由陈济棠负责，粤桂战争暂告停顿。李宗仁、白崇禧、黄绍竑乘此机会，会同张发奎部扫荡广西后方，解决吕焕炎。占据南宁、玉林、桂林一带的吕焕炎部大多投降，吕本人下野逃往广州。

陈济棠接管讨桂军事后，下令各部继续追击，张桂联军因实力大损，无力抵抗，节节后退。至1930年1月中旬，蒋军已抵达平乐、昭平、藤县、容县、北流之线。张发奎一部退至平乐与白崇禧部会合，在昭平击破第六路军，迫使蒋军后退。随后，张、桂各军以大部扼守桂林、贵县，积极整理补充，准备反攻。陈济棠在梧州行营召开军事会议，认为张桂军虽经失败，但实力仍存，一有机会又必再起，非以武力彻底解决不可。遂将在桂粤军分为2个纵队，分别由余汉谋、蒋光鼐任指挥，从怀集、梧州出发；同时第六路军由贺县、八步，第四路军由灵川出发，三路进攻桂林。2月中旬，蒋军在北流战役再次挫败张桂军。

2月下旬，因北方形势剧变，讨桂军事奉命停止，蒋张桂战争宣告结束。

5 蒋唐石战争

1929年秋冬之际，北方的蒋冯战争和南方的蒋张桂战争相继爆发，其他地方实力派也都在酝酿反蒋活动。汪精卫认为反蒋的时机已经成熟，决定回国就近指挥反蒋运动，准备取代蒋介石，登上南京的宝座。10月初，汪精卫从法国回到香港，打出了"国民党第二届中央执监联席会议"的招牌，与南京的国民党中央相对抗。

为统一各地的反蒋武装，汪精卫分别委任张发奎、唐生智、石友三、胡宗铎、李宗仁等人，为"护党救国"第三至第八路总司令，第一、第二路总司令留给冯玉祥、阎锡山，因条件尚不成熟，故暂未发下。

汪精卫的这一番举动，增加了反蒋运动的声势，给改组派和各实力派打了气、提了神。于是，唐生智、石友三又趁机起兵反蒋，蒋张桂战争的烽火尚未熄灭，蒋唐石战争的枪声又打响了。

唐生智在蒋桂战争中凭借蒋介石的支持东山再起，1929年3月被任命为第五路军总指挥，后又到南京就任军事参议院院长。蒋冯战争中，唐生智率部打败西北军，为蒋介石立下了功劳。但他始终对蒋存有戒心，主张拥汪上台，取代蒋介石。在改组派的串通下，唐生智与冯、阎及其他实力派都接上了联系。唐、阎还达成协议，唐同意拥戴阎为领袖，共同反蒋；阎提供50万元作为唐军经费；并约定当唐部发动后，阎立即通电响应。

石友三原为冯玉祥的部将，蒋冯战争中为蒋所收买，与韩复榘一起叛冯投蒋，被任为第十三路军总指挥兼安徽省主席。此时蒋介石命令石友三率部赴粤支援陈济棠攻打桂系，并指定石部在与南京一江之隔的浦口集中，然后分乘木船到上海，再乘海轮去广东。石友三认为蒋的企图是在沿长江东下途中将其部强行缴械，于是决定与唐生智同时举兵反蒋，唐部南下攻取武汉，石部从浦口进攻南京。

1929年12月1日,由唐生智领衔的75名将领发表通电,劝请蒋介石"幡然改图"、"立即罢兵",并警告说:如"有违斯旨,仍存自私者,即全国公敌,势当立即铲除"。3日,唐生智等又发表迎汪联张(发奎)通电,称"汪精卫先生为总理最忠实之信徒",张发奎之第四军"在党有光荣历史,在国有特殊之勋劳","敢有摧残第四军者,是为革命军人之公敌"。5日,唐生智在郑州宣布就任护党救国军第四路军总司令,并发表《告将士书》,称"今者反蒋空气,弥漫全国,大势已去,无法挽回";认为蒋介石"政治实非其所长",要求其"奉还政权",实行"汪、蒋、阎三先生通力合作",意在拥汪捧阎贬蒋。

石友三与唐生智互相呼应,也于同时采取行动。蒋介石本来约定某日上午,过长江到浦口检阅石部并训话,石友三决定乘机将其劫持,然后举兵起事。蒋为了慎重起见,先派陈调元到石部观察动静。陈调元发现石部情况异常,立即电蒋,劝其改期。石友三见计谋不能得逞,即于12月2日起兵反蒋,用大炮隔江猛轰南京,并宣布就任护党救国军第五路总司令,称将"率十万健卒直取南京"。当时,南京城内兵力极为空虚,只有一个宪兵团和几千军校学生,但石友三不敢进攻南京,炮轰之后,即率部向北撤往蚌埠、滁州一带。

唐生智、石友三反蒋通电一出,各地纷纷响应。胡宗铎在湖北施南宣布就任护党救国军第七路军总司令,并致电蒋介石称:"足下自命不凡,以为我即中央，中央即我，天下莫予毒也"；谓蒋"有袁世凯之野心，而无其能力；有吴佩孚之横暴，而益以奸伪，恶贯满盈，民怨沸腾"。西北军将领发表通电，表示愿竭全力援助唐生智和石友三。河南省主席韩复榘通电响应唐生智。许崇智也在香港致电蒋介石，劝其下野，谓"弟试自问，此时尚能打开四面楚歌之局面否？"甚至连旧北洋直系军人齐燮元也通电劝蒋停战，主张和平。蒋介石一时成为众矢之的，颇显孤立。

蒋介石为了扭转不利形势，对阎、石、唐分别施以不同策略，采取拉拢阎锡山、张学良，安抚诱降石友三，集中打击唐生智的方针。

阎锡山和张学良是华北时局的重心，能否争取他们是讨唐成败的关键。因此，在准备讨唐的同时，蒋介石派吴铁城以劳军为名去东北拉拢张学良，派赵戴文回山西劝说阎锡山反唐。阎锡山见唐生智反蒋后大捧汪精卫，对自己只是轻描淡写恭维几句，因而觉得唐言而无信，没有诚意，大为不满，加上赵戴文的极力劝说，于是就同意与改组派断绝关系，助蒋反唐。张学良在吴铁城的劝说下，也表示反对改组派，支持中央讨唐。

12月20日，阎锡山与张学良联名发表通电，表示"毅然决然，拥护中央统一，共同奋斗"；阎锡山还通过赵戴文告诉南京，他"已具十二分的决心消灭改组派"。蒋介石还许诺打败唐军后将河南划归阎支配，换取晋系同意出兵讨唐。阎锡山前后态度的陡然改变，使局势顿时改观，许多原来列名反蒋的将领，纷纷发表声明，否认参与反蒋，表示拥护中央。

安抚诱降石友三，以瓦解唐、石同盟，是蒋介石的另一重要策略。石友三在浦口起兵后，屯兵蚌埠、滁州一带，与南京近在咫尺，威胁很大。蒋介石急调驻上海的熊式辉第五师，渡江进驻浦口、浦镇地区，摆出追击姿态；又调驻山东的陈调元部南下夹击，以纾京畿之危。驻徐州的马福祥与石友三是结拜兄弟，但此时也表示支持南京。石友三数面受敌，进退两难，陷入困境。蒋介石派马福祥、李鸣钟出面对之予以安抚。

阎、张拥蒋通电一出，石友三见势不妙，也赶紧通电表态，称"嗣后友三一切举动，自当以钧座为转移"，立即撤销护党救国军名义，恢复第十三路军番号，并派代表到南京向蒋解释"误会"。蒋介石命石部开往河南商丘，归韩复榘节制。石友三倒向蒋介石，使唐、石同盟宣告破裂，唐生智顿时成了孤家寡人，陷于孤立无援的境地。

解决了石友三，蒋介石调集军队准备讨伐唐生智。12月7日，南京政府以唐生智"背叛党国，附逆有据"，明令褫夺本兼各职，严缉拿办；并组成讨逆军，蒋介石自任总司令，阎锡山为副司令，刘峙任第二路总指挥，率部沿平汉路北上，进攻郑州；阎锡山兼北路军总指挥，率晋军由河北、山西向南推进。19日，蒋介石电令讨逆军全归阎锡山指挥。20日，讨逆军在平汉线发起总攻。

唐生智自通电反蒋后，即将所部从豫西东调，分布于平汉路南段的郑州、许昌、漯河、确山一带，准备攻取武汉作为根据地，进而联合桂系，再创局面。唐生智大肆封官，一口气委任了21个军长，6个师长，表面上阵容浩大，但其实际所能依靠的武力，只有嫡系刘兴和龚浩的2个军，力量十分薄弱。

战争开始后，唐生智自动放弃郑州，将主力集中于许昌、郾城间，沿平汉路陆续南下。21日，北路晋军孙楚部，兵不血刃，进占郑州。24日，唐军主力刘兴、龚浩部到达驻马店，唐生智本人亦亲抵前线指挥；唐军孙殿英部断后，扼守许昌。

唐军作战方针为"首先占领四平一带待机阵地，乘机击破敌军后，分路向武汉方面进击，以攻取武汉"。蒋军在确山一带构筑工事，阻挡唐军南下，双方展开激战。唐军为突破蒋军防线，不顾风雪天寒，发动猛烈攻势，但均为蒋军击退。

1930年1月1日，驻扎在南阳的杨虎城部于元旦之夜突袭并攻占唐军的重要据点驻马店，唐生智仅以身免。经此一击，唐军被拦腰切断，全线动摇。唐生智为挽回败局，调集部队发动反攻，未能奏效。刘峙亲赴前线指挥蒋军作战，将唐军龚浩部包围歼灭。唐军遭此重创后一蹶不振，唐生智急令残部向东北撤退，集结汝南附近，企图进入皖北与石友三部会合，复欲向泌阳移动，图攻襄樊，均为蒋军所阻。5日，阎锡山亲到郑州督战，指挥晋军南下。唐军遭蒋军南北夹攻，弹尽粮绝，士卒疲惫，加上天气恶劣，冰雪载道，完全失去战斗力。

1月6日,唐生智见大势已去,遂致电阎锡山,请准只身出洋,所部交刘兴负责,听候改编;随即离军出走,化装潜往天津。刘兴等奉命将唐军残部在漯河集中,由中央第二路军全部缴械,所有官兵,悉数运往汉口,给资遣散。唐生智军至此被彻底消灭。

此次战争实际作战时间,从1929年12月20日开始,到1930年1月6日结束,前后总共不超过20天。唐生智的败亡如此迅速,殊出汪精卫等人的意料,改组派发起的"护党救国"运动受到严重打击,蒋介石更加趾高气扬,不可一世。但改组派和反蒋势力并不甘心失败,他们重新组合,纠集力量,准备与蒋介石再作较量,一场更大的反蒋内战风暴又在酝酿之中。

四 蒋阎冯桂中原大战

1 反蒋派大联合

到1929年底,先后发生的蒋桂战争、蒋冯战争、蒋张桂战争和蒋唐石战争,都以蒋介石的胜利和反蒋派的失败而告结束。只有晋系阎锡山,周旋于南京和各派之间,朝秦暮楚,翻云覆雨,成了惟一的不倒翁,不仅没有削弱,反而八面玲珑,左右逢源,成为盘踞晋冀察绥和平津地区、影响时局的中心人物。然而,随着桂系、冯玉祥、张发奎和唐生智的相继失败,阎锡山与南京之间的回旋余地也越来越小,被推上与蒋介石短兵相接、正面交锋的地位,蒋阎矛盾迅速激化,阎锡山由拥蒋转为反蒋。

促使阎锡山决心反蒋的主要有下列四个因素。第一,感觉蒋介石削平群雄后,刻意图晋,咄咄逼人。蒋唐石战争中,阎锡山助蒋反唐,率兵南下河南参战,但蒋介石自食诺言,没有把河南省的支配权给阎,反而任命韩复榘为河南省主席,迫使晋军撤回原驻地;蒋还把自己的嫡系部队由南方陆续调往北方,集中在徐州、蚌埠等地，并在河南屯驻重兵，以威胁、防备晋军和西北军。

南京咄咄逼人的态势，使阎锡山感到蒋介石的"削藩"之剑迟早会落到自己头上，与其等待挨打，不如铤而走险。在财政上，阎锡山控制的河北、平、津地区的大部分税收，被南京政府收为"国有"，而按规定应由中央负担的此一地区卫戍部队军饷，南京并未按时如数发给，截至1929年8月，积欠达584万余元，阎锡山虽一再交涉，仍毫无结果。南京政府还以各种方法缩减、克扣晋军的经费和军饷。阎认为这是蒋介石企图用经济手段控制、搞垮晋系，因而愤愤不平。

第二，对待西北军问题上的分歧。蒋介石为消除冯玉祥对南京政府的威胁，一直坚持采取包括政治、经济和军事在内的各种手段，企图彻底解决西北军问题。阎锡山与冯玉祥虽有矛盾，但又有唇亡齿寒、兔死狐悲之感，害怕西北军为蒋介石彻底解决后于己不利，故希望留有余地。于是，他做出悲天悯人的姿态，出面为西北军"要饭吃"，一再请求南京接济、维持西北军，甚至自己掏腰包，予以接济。其目的是一方面以此彰显南京政府之过失，使西北军对之更加怨望愤懑，另一方面借此对西北军示惠笼络，以便操纵利用。因此，阎锡山在致南京的文电中多次要求："中央对冯军所许诺的事项，亦应一一兑现……第二集团军目前所感到困难的是给养无着，将来所希望的是平等待遇"，应予满足。在给宋哲元的电报中他表示愿"拍胸担保二集团军吃饭"，如不能做到则不妨碍二集团军

"自求活路",阎锡山偏袒西北军的做法,更使蒋介石觉得阎冯勾结构成威胁,急于消除隐患。

第三,西北军的压力。对于西北军,阎锡山一面养虎自重,同时又担心为虎所伤。他认为"冯军僻处西北,与晋为邻,我方不可无虑","中央与第二集团军之战争,决不可使之变为二、三集团军之战争"。然而,阎锡山利用蒋冯矛盾,劝冯下野,随后又软禁冯玉祥,并收编、吞并冯军部队,以壮大自己。这种损人利己的做法,自然引起西北军的强烈不满。软禁中的冯玉祥对鹿钟麟面授机宜,要其提出"拥护中央,开发西北"的口号,以对阎锡山施加压力。鹿还秘密派人到南京表示:"蒋主席是我们的敌人,阎锡山是我们历史上的仇人。敌可化为友,仇则不共戴天。我们现在要拥护中央,攻打阎锡山,报仇雪恨。"南京表示愿意接济冯军反阎。西北军的动态使阎锡山极为紧张,他深知只有拉住冯玉祥,联合西北军,共同反蒋,才能解自身之危。

第四,各派反蒋势力的怂恿和推动。桂、冯、张、唐反蒋相继失利后,阎锡山成为具备反蒋资格和实力的惟一人物。各方反蒋力量纷纷派人向阎锡山接头游说,鼓动拥戴,使阎觉得时机成熟,众望所归,于是决心公开打出反蒋旗帜,与蒋介石一决雌雄。

1930年1月中旬,阎锡山在太原召开晋军高级将领会议。会上他表示:"蒋介石实在逼得咱们无路可走。现在各方面都愿倒蒋,我也有这个意思。"会议统一了内部意见,确定了反蒋大计。

2月10日,阎锡山发表"蒸"电,提出"整个的党,统一的国"的口号,指责蒋介石把持党政大权,造成党和国家的分裂;称"今者锡山确认为武力统一,不特不易成功,且不宜用之民主党治之下"。这封电报将蒋阎分歧公布于众,并开始了南京、太原之间长达两个月的电报战。

针对蒋介石"武力统一"的方针,阎锡山打出"和平统一"的旗号与之对抗,称"今日非革命与不革命的问题,而是革命的力量互相残杀与整个的团结的问题",提出欲解决国事,"为今之计,礼让为国,舍此莫由",要求蒋自动下野,"在野负责"。

针对蒋介石独揽大权,实行个人独裁,阎锡山主张"党人治党,国人治国",他还建议成立元帅府或枢密院、元老院,参与决定党国的方针大计,以分蒋氏之权。

对于蒋介石一手包办的国民党三全大会,阎锡山认为其"非国民党之三全大会,乃钧座之三全大会","党国危乱,实肇于此",要求予以取缔,另"请由我全体党员同志投票,取决多数",以成立新的国民党中央。

阎锡山的主张立即在全国掀起轩然大波,反蒋派纷纷响应,通电表示拥护。蒋介石承认,"阎锡山倡出党人治党,国人治国的议论,党国的基础几乎动摇"。为反击阎的舆论攻势,蒋介石通电指责阎"是以礼让为名,争夺为实,不惜甘为党国罪人",坚持要"戡乱定变,铲除封建势力,制止反动行为,以实现国家和平统一"。谭延闿、胡汉民、吴稚晖等为之摇旗呐喊，拥蒋的军人政客也通电表示拥护中央。反蒋、拥蒋的阵线逐步趋于明朗。

阎锡山公开反蒋后，各派反蒋势力立即奔走活动，加强与阎的联系，企图建立新的反蒋联合阵线。

在蒋唐石战争中，阎锡山曾经反对过改组派，现在两者的关系又密切起来。2月18日，蒋介石派特务袭击了改组派在上海的总部，当场打死改组派中央负责人王乐平。21日，汪精卫就此发表对外声明，谴责蒋介石实行政治暗杀。24日，汪又致电阎，表示赞成以党员投票解决国民党内纠纷，并指责蒋"好乱怙权，悍然不顾"，称"如和平无望，则以武力制裁"。阎锡山需要改组派这面旗帜，以对抗南京政府，因此奉汪为精神领袖，让人电请其回国"集中革命力量"。

改组派遭受蒋介石的残酷打击，在南方无法立足，便于3月将其总部转移到阎锡山控制下的北平，陈公博、王法勤也分别由香港、上海北上天津，以便在北方开展活动。4月3日，改组派在北平成立了"中国国民党各省市党部海外总支部平津执行部"，作为改组派的对外活动机关；又在阎锡山的资助下创办了《民主报》，作为改组派的反蒋喉舌。西山会议派受到南京政府的通缉，其领袖邹鲁、谢持等也逃往天津租界避难。阎锡山特派代表欢迎陈公博、王法勤、邹鲁、谢持、覃振等去太原，共商联合反蒋大计。四川的刘文辉、香港的唐生智也都与阎取得联系。太原、北平、天津成为各派反蒋势力麇集的中心。改组派与阎锡山达成一致意见，由阎主持政治，冯玉祥、李宗仁主持军事，汪精卫主持党务。但反蒋派联合成立新的国民党中央的努力，由于改组派和西山会议派各执己见，互不相让，迟迟不能实现。

反蒋派的武力主要依靠阎、冯和张桂系军队。2月21日，李宗仁、黄绍竑、白崇禧、张发奎、胡宗铎等人联名发表通电，要求蒋介石下野，对阎锡山表示拥戴。但张桂联军地处西南一隅，又一直处于蒋、粤军的围攻之下，处境维艰，一时难以有所作为。因此，阎锡山欲与蒋介石一争高下，势必要借助西北军的力量，建立阎冯军事合作。阎锡山便再次主动与冯玉祥言归于好，携手反蒋。

2月25日，阎锡山亲自到建安村看望冯玉祥，当面向冯表示反蒋决心。为了消除冯的怀疑，他还把拟就的讨蒋电稿念给冯听，博得了冯的称赞。两人于28日相偕返回太原，共商讨蒋大计。双方决定推阎锡山为中华民国陆海空军总司令，冯玉祥、张学良、李宗仁为副司令，组成联军共同讨蒋。但阎担心冯不忘前仇，以后会寻机报复，故对释冯一事仍不无顾虑。冯玉祥托人转告阎："我除倒蒋没有第二条路"，以解阎之疑虑。阎于是决定释冯回陕主持讨蒋军事。冯临行前一天，阎又亲自登门告别，对冯所受委屈再次表示歉意，并说："大哥回去以后，倘若带兵来打我，我决不还击一弹。从今以后，晋军吃什么、穿什么、用什么，大哥的军队也吃什么、穿什么、用什么，一律待遇，决不歧视。此心耿耿，惟天可鉴！"阎还当场拨给冯大洋50万元，手提机关枪200挺及其他军械。历来吝啬的阎锡山这次表现得意外的慷慨大方。

3月8日，冯玉祥结束8个多月的软禁生活，动身返陕。回到潼关后，冯立即召开军事会议，宣布联阎反蒋，决定全军出动，开赴河南与蒋决战。

正在此时吴稚晖来电劝冯摒弃干戈，服从中央，3月14日，冯玉祥亲自拟电答复。电文云：

> 顷接先生元电，回环读之，不觉哑然失笑。假如玉祥不自度量，复先生一电，文曰："革命数十年的老少年吴稚晖先生，不言党了，亦不言真理是非了。苍然老贼，皓首匹夫，变节为一人之走狗，立志不问民众之疾苦，如此行为，死后何面目见先总理于地下乎？"岂不太不好看乎？请先生谅之。

冯玉祥重返西北统帅军队并树起联阎反蒋的旗帜，在全国造成很大影响。原来叛冯附蒋的西北军将领石友三、孙殿英等都发表通电，声明服从冯的指挥。韩复榘也致电潼关西北军司令部，表示愿与西北军采取一致行动。

3月15日，原第二、三、四集团军将领57人，由鹿钟麟领衔发表通电，拥戴阎锡山为中华民国陆海空军总司令，冯玉祥、李宗仁、张学良为副总司令，领导讨蒋。

18日，西北军开出潼关。26日，占领洛阳，前锋继续沿陇海路向东推进。

与此同时阎锡山也宣布与南京断绝关系,在所属地区查封、接收南京中央派驻机构,清除蒋系势力。

1930年4月1日,阎锡山在太原宣誓就任陆海空军总司令,并宣布率军陈师中原讨蒋。同日,冯玉祥、李宗仁分别在潼关、桂平就任副总司令。张学良则表示严守中立,谢绝就职。

针对反蒋派的行动,南京政府也采取了相应措施。4月5日,国民政府下令免去阎锡山本兼各职,称阎"举凡所有阴险狡诈,悉集一身",着各省政府、军队一体严拿归案讯办。7日,国民党中央决议,永远开除阎锡山党籍。5月1日,蒋介石公布讨逆军战斗序列,亲任总司令,并通电全国将士,宣布讨伐阎、冯。

反蒋派声势浩大,自称此次是第二、三、四集团军大联合,共同对付第一集团军。其组织系统和作战方略如下:

桂军为第一方面军,李宗仁任总司令;下辖3路军,第一路军张发奎,第二路军白崇禧,第三路军黄绍竑,约3万人马。第一方面军由广西分三路出兵湖南,进取武汉。

西北军为第二方面军,冯玉祥任总司令,鹿钟麟任前敌总指挥,下辖6路军,孙良诚第一路军、庞炳勋第二路军、吉鸿昌第三路军、宋哲元第四路军、孙连仲第五路军、张维玺第六路军,约30万人。第二方面军担任河南境内陇海、平汉两线的作战任务,分头向徐州、武汉进攻。

晋军为第三方面军,阎锡山任总司令,徐永昌任前敌总指挥,下辖6路军,孙楚第一路军、傅作义第二路军、杨效欧第三路军、张荫梧第四路军、孙殿英第五路军、万选才第六路军,总兵力20余万人。第三方面军投入津浦、陇海战场作战,主攻济南,并与第二方面军会攻徐州,然后沿津浦路南下,直捣南京。

石友三部为第四方面军,以主力进攻济宁、兖州,以一部协同第三方面军会攻济南。

内定张学良东北军为第五方面军,四川刘文辉部、湖南何键部为第六、第七方面军,但均未就任;后又加委樊钟秀部为第八方面军。

讨蒋联军的总兵力达到70余万人。

蒋介石在军事上也作了相应部署。他以韩复榘为第一军团总指挥,在山东战场拒守黄河两岸,阻止晋军沿津浦线南下;刘峙为第二军团总指挥,防守徐州、砀山一带,并沿陇海路两侧西进,进攻归德(今商丘);以何成濬为第三军团总指挥,防守平汉路许昌以南各地,牵制西北军主力;陈调元为总预备军团总指挥。蒋介石本人带领庞大的德国军事顾问团,坐镇徐州指挥。蒋军总兵力亦达70多万人。

蒋阎冯桂大战分为陇海线、津浦线、平汉线和湖南四个战场。陇海线位于全局的中央,津浦、平汉两线是它的两翼。陇海线方面的胜负,对于整个战局具有决定性的作用,双方都把主力投入这里。因这场大战主要战场所在地河南、安徽和山东,属于中原地区,故史称中原大战。

古老的中原大地，战云密布，作战双方的100多万大军，厉兵秣马，准备厮杀。民国史上规模空前的军阀混战揭开了序幕。

② 战争之进程

中原大战经历了三个阶段。从5月11日蒋军进攻归德开始，到6月下旬讨蒋联军占领济南、长沙为止，是战争的第一阶段。在此阶段，蒋军的作战方针是："先求敌之主力而击破之，然后乘势解决其余各部"，"第二军团由陇海路西进，占领归德、开封一带；第三军团同时由平汉方面出击，合力攻取郑州、洛阳"。第三军团在津浦线则暂取守势。河南归德是陇海线上的战略要地，防守此地的万选才第六路军属杂牌部队，战斗力较弱。蒋介石决定以此为缺口，从归德地区突破反蒋军的防线，迫使阎、冯军主力早日决战，以争取战场上的主动权。

5月11日，刘峙第二军团向归德发起攻击，中原大战正式爆发。

为确保初战胜利，刘峙集中了蒋军精锐教导一师、二师及第十一师，沿陇海铁路进攻归德，双方展开大规模作战。蒋介石亲赴马牧集督战。蒋军用重炮猛轰，并派飞机助战，归德守军万殿尊、石振青师不支溃败。18日，蒋军教导一师占领归德，俘敌师长万殿尊及官兵4500人，此为蒋军开战以来的第一个胜利，声势大振。

接着，蒋军乘胜进攻宁陵，开始与阎军主力交战。万选才部将刘茂恩受蒋介石策动，21日在战场突然倒戈，拘捕万选才送交蒋方，万旋即被解往南京枪决；刘部接受蒋之委任，掉转枪口反击晋军。晋军杨效欧部遭此意外打击，损失惨重，士气低落，蒋军乘胜前进，相继占领宁陵、睢县、民权等地。24日，蒋军对兰封附近之敌发起猛攻，晋军凭借坚固工事顽强抵抗，并用猛烈炮火予以迎击。此时，冯玉祥派孙良诚、吉鸿昌等部增援晋军，从仙翼迂回包围蒋军。26日，冯军以迅雷不及掩耳之势，发起突然反攻，给蒋军以重大打击。蒋军第一师师长身负重伤，其他各师也伤亡惨重，纷纷后撤。蒋军攻势受挫，锐气大减。31日，冯军郑大章骑兵部队奇袭归德马牧集飞机场，烧毁飞机12架。当时蒋介石正在机场附近的朱集车站，因郑大章部没有掌握这一情报，才使他免当俘虏。

6月初，陇海路战事重心移至兰（封）杞（县）一线，两军对峙多日，互有伤亡。11日，兰杞线蒋军转移阵地至旧考城、河阳集一线，企图诱敌至民权、睢县附近歼灭之。冯军即以主力攻击前进，与蒋军形成相持局面。

17日，蒋军在陇海线发动新攻势，刘峙、蒋鼎文、陈诚和张治中部3万余人，由杞县、太康间进攻郑州、开封。冯玉祥将计就计，命孙良诚、吉鸿昌等部迅速后撤，让开杞县、太康之线，诱敌深入。蒋军果然中计，于6月下旬在高贤集、龙曲集陷入冯军包围圈中，并被截成数段，双方展开白刃战。蒋军苦战多日，才得以分头突围，但人员和军械物资损失严重。至此，蒋军在陇海线上发起的攻势，以小胜开始，以大败结束。

津浦线是反蒋联军进攻的重点。担任进攻的主力是晋军第二、第四路军。阎锡山乘蒋军主力在陇海线鏖战之机，命令傅作义率领所部6个军，于5月26日由津浦路北段长驱南下，并在德州以南、面临黄河的晏州设立行营，亲自坐镇指挥。

担任防守的蒋军韩复榘部，布防于济南及其附近地区，依托黄河，固守待援；蒋军马鸿奎部布防于兖州、济宁一带，并对鲁西保持戒备。

傅作义部南下攻势甚猛，先后占领禹城、青城、博兴、桓台、肥城等地。韩部节节抵抗，连续激战，旅长徐桂林阵亡，伤亡颇重，旋即退守黄河南岸，凭险据守。

5月31日，蒋介石下令拆毁黄河铁桥，以阻止晋军渡河。晋军绕道东进，于5月底渡过黄河，继续进攻。韩部难以抵挡，逐次后撤，先退长清，后退济南。晋军跟踪而入。6月25日，晋军傅作义部攻占济南。蒋军分别向胶东、鲁南撤退。晋军分头追击，连克泰安、兖州，大有攻取徐州之势。

平汉线是西北军与蒋军何成濬第三军团厮杀的战场。蒋军的部署是：平汉以东，以蒋鼎文第二军为右翼，集结于周口、淮阳、上蔡地区；平汉路正面，以王金钰的第九军、徐源泉的第十军为中央军，集结于确山、春水镇一带；平汉路以西，以杨虎城的第七军为左翼军，集结于南召、南阳地区。蒋军计划三路同时北进，左翼军攻击叶县，中央军攻取许昌，右翼军插向许昌背后，企图攻占许昌、新郑，会师郑州，将河南战场的西北军分割为二。

5月中旬，蒋军进攻临颍、叶县，平汉线战事开始。经10天激战，蒋军徐源泉部于5月25日攻占临颍，击毙冯军师长孙士贵，俘敌5600人。接着，蒋军又集中主力围攻许昌。许昌守军樊钟秀部在西北军张维玺部的配合下，坚守城池，多次击退敌军进攻。蒋军用飞机对许昌城狂轰滥炸，地面部队南北夹击，许昌渐危。6月4日，反蒋联军第八方面军总司令樊钟秀被蒋军飞机炸死，军心动摇。7日，蒋军第三军团占领许昌，进逼新郑。冯玉祥立即派邓宝珊接替担任第八方面军总司令，并调集西北军张自忠、宋哲元、冯治安等部，于6月10日对蒋军发起猛烈反击。蒋军猝不及防，全线动摇，被迫向漯河撤退。

中原大战爆发后，在广西的桂、张联军为配合北方的阎、冯军作战，决定放弃广西，全力北进，攻略湖南，直取武汉，与阎、冯军会师中原。

5月下旬，桂、张军分兵三路，进入湖南，急速北上。第一路张发奎部由柳州、桂林出全州，直趋永州、衡阳；第二路白崇禧部经永明、道州到衡阳会师；第三路黄绍竑部担任掩护，随后跟进。桂军攻势锐利，何键湘军无力抵挡，节节败退。蒋介石急调朱绍良、夏斗寅、钱大钧部入湘增援。

5月28日，桂军占领湘南重镇衡阳。随即马不停蹄，以一部趋湘东，攻醴陵；一部奔湘乡，攻长沙。蒋军力战不支，向北撤退，湘军退往湘西。6月5日，桂、张联军进入长沙。长沙陷落，武汉吃紧。何应钦命夏斗寅部死守岳阳，并调集重兵守卫战略要地武汉。桂、张军乘胜疾趋，8日又攻占岳阳，前锋进入湖北境内，蒋军全部撤至贺胜桥以北。反蒋联军已经形成南北呼应、夹击武汉之势。

攻占长沙、济南标志着反蒋联军在军事上取得了重大胜利。战场上的有利形势，使反蒋派觉得胜利在望，为了建立"合法"的中央机构，以便名正言顺地领导反蒋战争，反蒋派加快了成立新的国民党中央的步伐。阎、冯再次电促汪精卫尽快北上，同时特请国民党元老覃振出面调解改组派与西山会议派的争执。覃振绞尽脑汁，提出了一个各方都能接受的折中方案，汪精卫对此表示同意，并发表谈话，强调重新厘定党政关系，党部处于指导地位，不可直接干预行政和代替民意机关。

在覃振、汪精卫提议的基础上，5月上旬，反蒋派在天津召开会议，讨论党务问题。会议通过了汪精卫起草的联合宣言，决定了解决党务问题的具体办法，即由各方代表召开非常会议，产生党部扩大会议，由扩大会议产生政治会议，负责整理党务和军事，然后由扩大会议召集三全大会与国民会议，解决一切问题。

经过一番周折，国民党中央党部扩大会议预备会议于7月中旬在北平中南海召开，发表了联合宣言。

7月15日，汪精卫离开香港经日本北上，22日抵达天津。

汪精卫一到北方就展开了紧张的活动，一面举行谈话会，为正式召开扩大会议进行筹备，一面与实力派人物展开幕后交易。8月4日，汪精卫到石家庄与阎锡山会晤，就成立新的国民党中央和中央政府事宜达成一致意见。

8月7日，"中国国民党中央党部扩大会议"在北平正式召开。会议通过了扩大会议宣言、组织大纲、中央政治会议规则等文件，建立了反蒋派的国民党中央机构。

接着，反蒋派加紧组织国民政府。9月9日，以阎锡山为主席的国民政府在北平宣告成立，阎锡山、汪精卫、冯玉祥、李宗仁等7人任国民政府委员。反蒋派总算拼凑起了与南京相对抗的中央党部和中央政府，但战场上军事形势的不利变化，很快使反蒋派的希望如同春梦一般迅速消失了。

从7月初桂、张联军在湖南战场失利，被迫退回广西，到8月蒋军在陇海线挫败冯军"八月攻势"，并发动全线反攻，是中原大战的第二阶段。在这一阶段中，两军主力展开决战，经过多次较量，反蒋联军由胜而败，蒋军转败为胜。战争形势发生了重大转变。

桂、张联军以破釜沉舟之势，放弃后方，长驱北进，意在与冯军夹击武汉，会师中原。但平汉线冯军在击退蒋军何成濬部后，即将主力东移，停止了平汉线的攻势，未再南下，贻误了南北会师的机会，使桂、张军陷入了孤军作战的境地。蒋介石见桂军攻势凶猛，一面增强湘鄂的兵力,迎头堵截,一面电令陈济棠由广东派兵北上,切断桂军的后路。陈济棠即派蒋光鼐、蔡廷锴、李扬敬3师迅速入湘,于6月10日袭占衡阳。桂军黄绍竑部因担任掩护任务和运送军需物资,行动较为迟缓,被粤军拦腰截断,首尾不能相顾。黄绍竑急电李宗仁请回师救援,张发奎因接汪精卫香港来电要其南下经营广东,因而也极力主张回师夺取衡阳。桂军遂于6月中旬先后放弃岳阳、长沙,回救衡阳。衡阳城防坚固,桂军久攻不下,又遭蒋军三路夹击,导致惨败,师长梁重熙、团长李汉炯均告阵亡。李宗仁等率残部经血战冲出包围圈,于7月4日狼狈退回广西。

至此,湖南战场的桂、张联军在军事上宣告彻底失败,使蒋介石得以抽调南方战场的生力军增援北方战场。

在北方战场,此时阎、冯之间的矛盾已经暴露出来。晋军攻下济南后,本应乘有利形势沿津浦线继续南下,以策应陇海线的西北军。但阎锡山为保存实力,在津浦线转攻为守,使西北军在陇海线的攻势难以奏效。冯玉祥对此大为恼火。另外,阎曾答应保证西北军的军火物资供应,但开战以来,除在最初阶段供应比较充分外,越到后来越少,弹药的补充几乎完全停止。西北军连月鏖战,损耗极大,得不到基本的补给,苦撑苦熬,对晋军的恶感与日俱增,官兵都破口大骂阎老西。阎、冯之间的裂痕给蒋介石实行各个击破的策略提供了条件。

7月下旬，蒋介石总结3个月来的作战经验，决定改变计划，调整部署，将作战重心从陇海线转向津浦线，对晋军采取攻势，对西北军采取守势，争取先打垮阎军，然后再打冯军。

蒋介石将陇海线蒋军，划分为6个守备区，第一、二、三守备区为右翼军，陈调元任总指挥；第四、五、六守备区为左翼军，朱绍良为总指挥。蒋军之目的是将西北军的主力拖在陇海线战场，使其不能转移兵力，逐步消耗它的实力。而蒋军则乘机将主力转移至津浦线。

在津浦线，蒋介石决定发起兖州以北会战。他从南方把粤军第十九路军及夏斗寅部调来投入战场，以增强兵力，又从各战场抽调重炮加强津浦线火力。刘峙任津浦线总指挥，分兵三路：中路军夏斗寅部沿津浦线正面进攻宁阳；右翼军蒋光鼐部攻击新泰；左翼军刘峙（兼）向汶河南岸攻击前进。胶济线韩复榘部向济南方面进攻，策应津浦线正面作战。

8月1日蒋军发起全线总攻。4日，蒋军右翼军逼进泰安，中央军占领宁阳，左翼军进抵肥城。晋军退缩于泰安、肥城、平阴一线。阎锡山令傅作义死守泰安，并调李服膺部前往增援。担任蒋军右翼的蒋光鼐部行动迅速，冒雨急进，绕过曲阜，到达大汶口之右方，10日占领莱芜，并继续北进，逼近济南。同时，蒋军中路军开始攻击泰安，激战5昼夜，将晋军援军主力大部歼灭。晋军全线动摇，被迫实行总退却，秩序混乱不堪，复遭蒋军飞机跟踪轰炸，损失惨重。傅作义见大势已去,于8月14日放弃济南,退守黄河北岸。8月15日,蒋军蒋光鼐部进入济南。

此役蒋军缴获步枪3万余支,大炮230门,飞机3架。短短半个月时间,津浦线晋军即遭惨败,山东重镇济南得而复失,战争形势开始出现转机。

在津浦线取得胜利后,蒋介石随即将主力转入陇海线战场。

蒋军在津浦线发动进攻后,阎锡山感到形势危急,需要西北军在陇海线配合作战。于是,就派周玳携现款50万元及大批面粉、弹药,前往郑州见冯玉祥,请西北军在陇海线发动进攻,以牵制蒋军。冯玉祥应阎锡山之请,决定集中优势兵力,在陇海路发动大规模攻势,企图击溃蒋军主力,一举攻占徐州,扭转整个战局。冯玉祥为此调整了军事部署:陇海线以南由西北军担任主攻,分兵三路,中路以孙连仲部3个师由太康进攻归德;左翼以孙良诚、吉鸿昌等部七八个师出睢县向宁陵以北进攻;右翼以孙殿英部3个师由柘城进攻马牧集。陇海路正面由晋军徐永昌部担任,沿铁路向东进攻。陇海路以北的刘春荣部,鲁西地区的石友三部,同时向东出击。郑大章骑兵军深入蒋军后方,展开活动。宋哲元部为总预备队。

8月6日,冯、阎军在陇海路全线发起了空前规模的"八月攻势"。为抵抗冯军进攻,蒋介石将兵力分为左中右3个纵队,分别由上官云湘、王均、顾祝同率领,固守阵地,并从平汉线第三军团抽调部队支援陇海线。

冯军孙连仲部首先将河堤镇蒋军击溃，推进至勒马集。右翼孙殿英部也逼近马牧集，迫使蒋军左翼向后撤退。但在宁陵一带，蒋军为确保陇海铁路，集中重兵防守，拼命抵抗，加上连日大雨，平地水深数尺，致使冯军孙良诚、吉鸿昌部进展缓慢。冯玉祥随即将宋哲元部调到左翼，以加强孙、吉两部。冯军在大雨滂沱、遍地泽国的极端困难条件下继续进攻，与蒋军激战10多天，终因士兵疲惫已极，补给极其困难，致使攻势受阻。至8月19日，因蒋军援兵陆续抵达前线，冯军开始向太康、杞县方面退却。蒋军跟踪推进，双方遂相持于河阳集、柳河集之线。

至此，冯军在陇海线发起的历时近半个月的"八月攻势"以失利而告结束。

晋军在津浦线失去济南和冯军陇海路"八月攻势"的受挫，是中原大战的转折点。冯、阎军从此再也无力发动进攻，完全陷入被动挨打的境地，战争的主动权开始转移到蒋军手中。军事形势日益朝着不利于反蒋联军的方向发展。

蒋军克复济南之后，蒋介石将津浦路作战各军陆续调往平汉、陇海两线，准备发动全面进攻，集中力量打击冯军，并制订了新的作战计划："系留陇海线方面之敌，而将进攻重点放在平汉线，以强大兵团绕出平汉线以西，直取洛阳、巩县、郑州，切断冯军的退路，包围而歼灭之。"并将平汉线蒋军编为左、右两翼，左翼军总指挥何成濬，下辖徐源泉、夏斗寅2个纵队；右翼军总指挥刘峙，下辖上官云湘、刘茂恩、杨虎城3个纵队；蒋光鼐第六纵队作为总预备队。蒋介石还下令悬赏：先占领巩县者，赏银洋20万元；先占领郑州、洛阳者，各赏银洋100万元。

9月6日，平汉线蒋军对冯军发起总攻，分头出击。至14日，徐源泉部相继在太康、西华击溃敌军刘桂堂、任应岐等部，进围扶沟、鄢陵；上官云湘部由间道向登封进攻；杨虎城部以主力趋向洛阳。20日，蒋军占领临颍，并在尉氏、许昌一线与冯军主力激战。同时，由津浦线援军组成的第七、第八纵队加入平汉线蒋军右翼，使徐源泉、夏斗寅部得以向中牟、郑州全力挺进。

正当蒋、冯两军在平汉、陇海线鏖战之时，山海关外突然传来了东北军即将入关的惊人消息。

3 东北军入关与反蒋联军的失败

张学良是蒋介石和反蒋派都极力争取的关键人物，东北军的倾向对中原大战的结局有着举足轻重的影响。但东北面临日本帝国主义的严重威胁，张学良本人即位不久，内部有欠巩固，因此他采取了观望的态度，不到关键时刻不轻易表态。

1930年春中原大战酝酿之际，他就通电劝请双方"各捐成见，共息争端"。战争爆发以后，张学良一直严守中立，主张和平，避免卷入内战。

蒋介石和反蒋派为了争取张学良，接二连三派出代表与张联系，南京、北平、太原与沈阳之间，各方使节络绎不绝，紧张地进行"穿梭外交"。

反蒋派起先委任张学良为陆海空军副总司令，北平"国民政府"成立后，又推选其为七名国府委员之一，张学良概不就职，反蒋派的努力没有取得结果。

蒋介石为争取张学良下了更大的本钱。他任命张为陆海空军副总司令，又任命东北系人物为平津卫戍司令、河北省主席、青岛市长和外交部次长，以示将华北和平津交由东北军掌握，张学良虽未表态，但不能不有所心动。

蒋还派吴铁城、张群长驻沈阳，给予巨款，以拉拢张学良及其周围人物。吴、张二人采取"盯人"战术，紧随张氏左右，形影不离，居则同乐，出则同行，随时随地施加影响，使阎、冯和汪精卫的代表几乎没有插嘴的余地。

在吴铁城、张群等人的不断劝说、督促之下，张学良终于私下在口头上表示：如果蒋军攻下济南，东北军即出兵入关。

8月中旬，津浦线蒋军攻占济南，陇海线冯军"八月攻势"受挫，反蒋联军颓势已现。9月中旬，张学良在沈阳北陵别墅召开东北军高级干部会议，决定站在南京政府一边，出兵华北，以尽快结束战争。

9月18日，张学良发表出兵华北的通电，要求各方"即日罢兵，以纾民困"。在与记者的谈话中，他又表示东北军虽然出兵，但并非与阎、冯军为敌，希望阎、冯自动下野，所部接受改编，东北军"乃站在中间而偏向南方而已。决不为落井下石之举"。蒋介石对东北军出兵极为欢迎,把处理华北政局、收编华北反蒋的大权完全交付张学良,又将河北、平津、青岛的行政权力交由张支配;南京政府立即汇给沈阳500万元,作为东北军的开拔费,又拨1000万元公债款,资助东北军。

9月17日,张学良发布进军关内的动员令,随即组成第一、第二两个军,共12万人,分别由于学忠、王树常任军长,待命出发。张学良指示于学忠,入关后要争取做到一枪不发,和平接收。

9月20日,东北军开始南下。每到一地之前,先通知晋军撤退,避免冲突。21日,东北军开抵天津,22日进驻北平,晋军均于事先撤走,由东北军和平接防。张学良随即任命鲍毓麟为北平市公安局局长,张学铭为天津市公安局局长,旋即升任天津市长。9月27日,南京政府正式任命王树常为河北省主席,于学忠为平津卫戍司令。东北军迅速完成了对河北、平津地区的占领和政权的接收。

张学良决定派东北军入关,敲响了扩大会议的丧钟。消息传到北平,政界诸要人如临世界末日,惶惶不可终日。汪精卫强作镇静,于9月19日致电张学良,提出立即召开国民会议、召集合法的国民党全国代表大会、制定约法、清剿湘鄂赣共产党等四项意见。他并色厉内荏地宣称:"如张决进兵,情势恶化,则无论太原、西安,均可作为根据地,依照原来计划进行。"摆出了一副困兽犹斗的姿态。同时决定将扩大会议移至太原继续办公。次日,汪精卫率领部分扩大会议成员，匆匆离开北平，乘车去石家庄转赴太原。

北平"国民政府"宣誓就职不到10天，就成了无家可归的流亡政府。聚集在"扩大会议"旗帜下的反蒋联盟，迅速土崩瓦解。

东北军入关，使阎、冯军陷入两面作战、腹背受敌的困境，加速了反蒋联军在军事上的崩溃。阎锡山见大势已去，于张学良发表"和平通电"的同日，即通电全国，称蒋军使用毒瓦斯，"我惟有退避三舍，以救民命"，并下令晋军实行总退却。

东北军占领平、津后，即分兵两路，一路沿平绥线向张家口前进，一路沿平汉线向高碑店、保定推进。

9月22日，津浦线晋军开始总退却，洛口黄河北岸晋军退往德州；下游青城、利津及上游东阿、平阴之部队同时撤退，并将黄河铁桥炸毁。蒋军随即渡河追击。9月25日，晋军放弃德州西撤，蒋军占领德州。27日，南下的东北军到达泊头镇、沧州一线。津浦路北段完全落入蒋军和东北军之手。

到10月中下旬，南线东北军抵达正定、石家庄，冀南晋军全部由正太路经娘子关撤回山西；北线东北军进抵张家口，冀北晋军沿平汉路退回山西大同，河北晋军完全肃清。

在陇海、平汉线，形势对西北军也极为不利。反复无常的石友三见势不妙，主动放弃阵地，退出战斗，率部投蒋。阎锡山已失去战斗意志，为保存实力，他密令与冯军并肩作战的晋军徐永昌部，扔下盟军不顾，立即渡河北撤，使西北军顿时陷入孤军作战的境地。

在不利形势下,冯玉祥一面令宋哲元部西撤,退守洛阳附近一带,以保持通往陕西的退路;一面将陇海、平汉两路的冯军战线缩短,以集中兵力,准备与蒋军决一死战。冯玉祥没有审时度势,及时安排西北军撤退,反而在极端不利的情况下,孤注一掷,与蒋军硬拼,结果丧失了撤退的时机,使西北军难以避免彻底失败的命运。

9月下旬,陇海路冯军主力退守兰封、杞县一线,企图作最后抵抗。蒋军以蒋鼎文部为中央军,陈调元部为右翼军,朱绍良部为左翼军,在陇海路全线发起强大攻势。与此同时,蒋介石派张钫等人,用收买安抚等手段,加紧对西北军进行策反和分化。

9月24日,蒋介石发表《告阎、冯军将士书》,劝告阎、冯军投降,称:"东自兰封、杞县、通许、尉氏、洧川、长葛、新郑,西至荥阳、汜水,我军大包围之计划,已告完成。诸君当已知之审矣,将何以自为计乎?困兽之斗,势已不许。欲退至大河以北,则突围非易。欲由禹县等处西窜洛阳,我军已早有严密堵截之准备。诸军今日已无可退,实亦不必退不必逃。中正爱护诸君,仍如往昔,虽取包围之势,决无歼灭之心。"

在蒋介石的攻抚并用、软硬兼施下,西北军军心动摇,呈现出兵败如山倒之状。9月27日,冯军主力吉鸿昌部倒戈投蒋,改编为蒋军第二十二路军,掉转枪口进攻开封。这是冯军瓦解的开始。28日,冯军张占魁骑兵第二师也在杞县向蒋军投降,改编为蒋军骑兵第三师，向中牟、郑州攻击前进。29日，蒋军攻占兰封、杞县、禹县，冯军退守郑州、开封一线。

在平汉路方面，蒋军向坚守许昌、尉氏一线的冯军发动猛攻。9月22日，上官云湘部进克须水镇，截断了郑州与洛阳之间的交通线。蒋、冯两军主力在荥泽、荥阳一带激战。双方激战至30日，冯军防线相继崩溃。蒋军徐源泉部攻占尉氏，复向洛阳前进，以截击西撤之冯军；朱绍良、蒋鼎文部占领陈留，冯军孙连仲部被迫后撤。10月1日，蒋军攻克长葛、朱仙镇，冯军孙殿英部败退。2日，蒋军岳维峻部攻占许昌，杨虎城部占领洛阳附近的龙门及郊区西工。冯军大部退守新郑，一部退守黑石、孝义一带。

至此，蒋军平汉、陇海两大战场已经连成一片，形成了会攻郑州、开封之势。

蒋介石将平汉、陇海两路兵力统一部署，分成左、中、右三个军团：刘峙中央军团、何成濬左翼军团、陈调元右翼军团，开始会攻郑州、开封。冯军此时兵无斗志，已不堪一击。10月3日，蒋军右翼集团占领开封。6日，中央军团攻克郑州，冯军梁冠英部投降，其余残部渡过黄河，退往豫北、冀南和晋南。8日，蒋军又攻占新郑，围缴敌军四五万人，将黄河以南完全肃清。接着，蒋军杨虎城、徐源泉部乘胜围攻洛阳，遭到冯军顽强抵抗。相持至18日，守军葛云龙部，力不能支，遂向蒋军投降，冯军在陇海线的最后一个重镇洛阳也宣告失守。

为了切断冯军撤往陕西老巢的退路，在进攻洛阳的同时，蒋介石命令杨虎城部组成"拯陕军"，沿陇海路全力西进，攻取潼关。10月15日攻占陕州。经过激战，又于25日攻克了历来有天险之称的潼关，冯军宋哲元、赵登禹、刘郁芬率残部向渭北退去。29日，蒋军兵不血刃进入西安。

西北军败的败，降的降，溃不成军，反蒋联军彻底失败，中原大战宣告结束。

随着战场上的失败，太原扩大会议也黯然收场。10月27日，扩大会议在太原召开了最后一次会议，通过了长达8章211条的约法草案，后来被称之为"太原约法"。这个一纸空文的"约法"，成了扩大会议的墓志铭。11月1日，汪精卫等离开太原前往天津，随后又离津赴香港，其他成员也各奔东西。扩大会议这个国民党反蒋联盟的怪胎，前后只存在了两个多月就烟消云散了。西北军残部和晋军余部全部被改编。孙连仲接受蒋介石命令，所部改编为第二十六路军；宋哲元部由张学良改编为第二十九军。张学良将晋军改编为4个军，分别由商震、徐永昌、傅作义、杨爱源任军长。

11月4日，阎锡山和冯玉祥发表通电，声明"即日释权归田"。为了消除隐患，迫使阎、冯早日出国，南京政府还发布通缉令，在全国通缉阎、冯，并派飞机轰炸太原以示威胁。11月底，阎锡山被迫离晋经天津赴大连，冯玉祥则潜往宋哲元部驻地山西稽山县隐居。

反蒋派纠集声势浩大的反蒋联军，拼凑所谓的

"中央政府"和"中央党部",与蒋介石进行一番生死较量,但最终仍然没有逃脱失败的命运。反蒋派失败的原因在于:第一,从双方经济实力对比看,南京政府占了压倒优势。蒋介石拥有中央政府的名义,得到江浙财团和美、英、德、法等帝国主义的支持,控制了中国主要的富庶地区,操纵了全国的经济命脉,因而得以动员雄厚的人力、物力资源,支持长期的内战。而阎、冯等地方实力派,只能依靠华北地区落后的地方经济,财政上处处捉襟见肘,难以与南京政府相抗衡。

第二,从政治上看,反蒋派是一个由各派军阀、官僚和政客组成的复杂而又松散的政治集团,他们各有各的打算,内部矛盾严重,彼此争吵不休,只是由于互相需要而暂时纠集在一起,不可能成为统一的力量,当战争进行到关键时刻,在蒋介石分而治之的策略面前,很快就分化瓦解了。

第三,从军事上看,反蒋联军的主要武力阎、冯和张桂军之间,没有严格统一的军事部署和作战计划,缺乏有效的协同配合,而且互存戒心,企图保存实力,往往陷于各自为战的境地,有利于蒋介石各个击破。东北军拥蒋入关,从根本上改变了双方军事力量的对比,使阎、冯军腹背受敌,极大地加速了反蒋联军的失败。

中原大战以蒋介石的胜利和反蒋派的彻底失败而告结束。通过这一战争,蒋介石基本上消灭了几支实力强大的地方军阀,扩大了南京政府控制区域的版图,巩固了自己的统治地位。而反蒋势力则受到了极大削弱，尤其是冯玉祥，西北地盘尽失，惨淡经营20多年的西北军全部瓦解，从此一蹶不振。第二次北伐后出现的冯、阎、桂三大军事集团与蒋氏中央分庭抗礼的局面不复存在，但南京政府与地方实力派之间的矛盾并未彻底解决。

当国民党新军阀忙于混战之时，共产党领导的红军在湘、鄂、赣地区得到了蓬勃发展，对国民党的反动统治形成了很大威胁。因此，中原大战一结束，蒋介石就掉转枪口，全力"围剿"红军，进行"剿共"战争。

中原大战是辛亥革命以来规模最大、牺牲最为惨重的军阀混战。历时7个多月的战争，给双方造成了重大伤亡。据保守的统计，在战争中蒋军死伤9.5万人，反蒋联军死伤15万人。而它给人民生命财产所带来的损失，对社会经济文化所造成的破坏，则更为严重，难以估量。以主要受害地区河南省为例，据该省所编《民国十九年豫灾纪实》统计："因战事死亡人口达十二万余口，受伤人口一万九千五百余口，逃亡在外者达一百一十八万五千余口，被军队拉夫达一百二十九万七千七百余口，其中因以致死者三万余口，而兵士之死亡者尚不在内。财产损失包括破坏及被焚房屋在内，总计为六亿五千一百四十六万九千余元。而间接及无形之损失尚不在内。全部损失据估计十年之后方可恢复。"

国民党新军阀的混战给中国人民带来了深重的灾难。

五 国共"围剿"与反"围剿"战争

1 第一、第二次"围剿"的发动

1930年秋,中原大地国民党新军阀自相残杀的枪炮声逐渐沉寂下来,蒋介石正得意洋洋地到处吹嘘"讨逆"的胜利。这时,他突然发觉,在南京政府的大后方,在广大的湘、鄂、赣、皖、闽等地区,到处布满了大大小小的苏维埃区域,中共领导的红军,已由星星之火,形成燎原之势,严重威胁着南京政府的统治。

惊慌失措之余,蒋介石立即调转枪口,纠集大量的国民党中央军和地方军,对红军和苏区发动了一连串大规模的"围剿"。于是,另一种形式的残酷内战,即国共"围剿"与反"围剿"的战争,取代了国民党新军阀之间的混战,其程度之激烈和时间之漫长,都超过了后者。

首先,让我们追溯一下苏维埃运动在中国的开展和红军与苏区发展壮大的经过。

红军和苏区的发展

"苏维埃"一词出自俄语,意为会议或代表会议。苏维埃最早出现于俄国1905年革命,是组织工人罢工和起义的领导机构。1917年俄国十月革命爆发后,苏维埃成为俄国无产阶级专政的国家组织形式,苏维埃运动也由俄国扩大到世界各国。1919年共产国际成立后,提出了建立"国际苏维埃共和国"的口号,并要求在落后国家成立工农苏维埃政权。

1921年中国共产党成立后,在共产国际指导下,逐步制定了党的最高纲领和最低纲领,在强调不要忘记苏维埃宣传的同时,又提出要建立"民主主义的联合战线"。于是,中共便走上了与国民党合作、建立革命统一战线的道路,开始了轰轰烈烈的国民革命。

1927年国民党发动四一二政变和七一五政变,标志着国民革命时期国共两党建立的统一战线实际上已经破裂,轰轰烈烈的大革命宣告失败。但共产国际为了挽救国民革命,要求中共"退出武汉政府","但不退出国民党"。根据这一精神,中共中央在八七会议上通过了《左派国民党政纲》,决定展开"左派国民党运动",即在政治上继续与革命的左派国民党合作,重新集结力量,以广东为根据地,再次举行北伐,完成国共合作的国民革命。在军事上,"组织工农暴动于革命的左派国民党旗帜下",以武装起义反抗蒋介石、汪精卫叛变革命、屠杀工农的反动政策。

在这一方针指导下,中共发动了八一南昌起义和湘、鄂、赣、粤四省秋收起义。由于敌我力量悬殊，周恩来、朱德领导的南昌起义军进入广东后遭到失败，毛泽东领导的秋收起义也很快受挫，起义队伍向湘南地区转移。

南昌起义和秋收起义虽然打响了武装反抗的第一枪，但在形式上，仍然打着国民党的旗子，不符合大革命失败后的客观形势，也难以适应革命发展的需要。毛泽东明确提出："我们不应再打国民党的旗子了，我们应高高打出共产党的旗子。国民党的旗子已成军阀的旗子，只有共产党的旗子才是人民的旗子。"

1927年8月，共产国际就中国革命问题发出指示："必须把苏维埃的宣传口号变成直接斗争的口号"，提出由苏维埃领导革命运动，由中共领导苏维埃。9月，中共中央举行政治局会议，果断地停止了"左派国民党运动"，提出推翻国民党政权、适时建立苏维埃政权的口号，确立了中共武装反抗国民党反动统治的方针，把建立苏维埃政权、开展苏维埃运动提上了日程。

1927年12月，中共发动广州起义，宣布成立广州苏维埃政府，提出"以赤色恐怖消灭白色恐怖！"在国民党的血腥镇压下，广州起义很快失败了，但是，中共领导的通过武装暴动建立苏维埃政权的运动，从此在中国广大的土地上如火如荼地开展起来。

到1930年12月南京政府发动第一次"围剿"之前，全国已经形成了中央苏区、鄂豫皖、湘鄂西、闽浙赣、左右江等苏区，下面分别叙述之。

中央苏区

以江西瑞金为中心的中央苏区，是领导全国苏区的政治、军事中心，它是由以下几个苏区发展演变而逐步形成的。

湘赣苏区。1927年10月，秋收起义失败后，毛泽东率领起义队伍进驻湘赣交界之处的井冈山，创建了井冈山根据地，开辟了工农武装割据，以农村包围城市的革命道路。到1928年2月，以井冈山为依托，建立了以茶陵、遂川、宁冈三县苏维埃政府为中心的湘赣苏区。1928年1月，朱德率领南昌起义军余部，进入湘南，开辟了以永兴为中心的湘南苏区。后因国民党军"围剿"，朱德、陈毅率部向井冈山转移。4月，朱、毛两部在宁冈会师，共同组成红四军，建立了湘赣边苏维埃政府，湘赣边区进入全盛时期，湘赣边区和湘南苏区，与琼崖苏区、海陆丰苏区，是全国成立较早、影响较大的四个苏区。

湘鄂赣苏区。1928年7月，彭德怀、滕代远发动平江起义，成立了红五军，在湘鄂赣三省交界的平江、浏阳、修水一带展开游击战争，建立苏维埃政权，此后，又转战于湘赣和湘鄂赣地区。到1930年，湘鄂苏区与湘鄂赣苏区连成一片，成立了红八军和红十六军，与彭德怀的红五军合编为红三军团，由彭德怀任总指挥。

赣南闽西苏区。1929年1月，为打破国民党军对井冈山的"会剿"，毛泽东、朱德率领红四军主力进军赣南闽西，沿途号召"全国工农，风发雷奋，夺取政权",相继开辟了以雩都(今于都)、兴国、宁都为中心的赣南苏区,和以上杭、龙岩、永定为中心的闽西苏区,闽西地方红军编为红十二军。1929年11月,罗炳辉等发动吉安起义,在此基础上建立了赣西苏区,成立了红六军。1930年1月,红四军由闽西回师赣南,极大地推动了赣西南革命形势的发展。毛泽东指出:"中国的革命高潮很快地就要到来","而中国之内首先出现的将是江西苏维埃,因为江西的客观条件和主观力量都比各省要成熟"。3月,成立了赣西南苏维埃政府,以统一领导赣西南各县红色政权。6月,红四、六、十二军合编为红一军团,朱德任总指挥。

1930年6月,李立三主持的中共中央提出要争取"一省或数省的首先胜利",制定了发动全国总暴动和集中红军进攻中心城市的冒险计划,命令红一军团攻打南昌,红三军团攻打武昌和长沙,提出要"会师武汉,饮马长江"。7月,毛泽东、朱德率领红一军团,进至南昌周围,稍作佯攻后,即撤围休整。7月底,彭德怀率领红三军团,趁湘桂军阀混战,一举攻占湖南省会长沙,并成立了湖南省苏维埃政府,后又主动撤出,给国民党以极大的震动。8月,红一军团与红三军团在湖南浏阳胜利会师,组成红一方面军,朱德任总司令。红一方面军成立后,进行了第二次攻打长沙的战斗,"围困长沙十二天,大战数昼夜,战线延长三十余里",因久攻不克,遂主动放弃原计划,转而进攻江西吉安。同年10月,红一方面军攻克赣西南重镇吉安,宣布成立江西省苏维埃政府,使赣江两岸的几十个县的红色政权连成一片，为中央苏区的形成奠定了基础。

鄂豫皖苏区

鄂豫皖苏区以横跨三省的大别山山脉为中心。1927年11月，中共鄂东特委发动黄（安）、麻（城）起义，起义队伍攻占黄安县城21天，后退入黄陂山区坚持游击战争。黄麻起义是建立鄂豫皖苏区的起点。1929年5月，河南商城爆发金寨起义，创建了豫东南苏区；同年9月，又成立了包括黄安、麻城等八县在内的鄂豫边区，将其与豫东南苏区统一起来。1929年下半年至1930年初，皖西相继爆发武装起义，建立了以六安、霍山、霍邱为中心的皖西苏区，它是鄂豫皖苏区的重要组成部分。1930年3月，中共中央决定将鄂豫边区和皖西苏区联合组成鄂豫皖特区，并组成红一军；6月，又成立了鄂豫皖边区苏维埃政府，鄂豫皖苏区正式形成。鄂豫皖苏区是全国仅次于中央苏区的第二大红色区域，它地处中原，东临津浦，西扼京汉，北靠陇海，南逼长江，与中央苏区和湘鄂西苏区遥相呼应，战略地位十分重要，对国民党统治中心形成了严重的威胁。

洪湖湘鄂西苏区

湘鄂西苏区以洪湖地区为中心，是由贺龙、周逸群领导建立的。1928年3月，贺龙、周逸群发动桑鹤边起义，攻占了桑植县城，建立起湘鄂边第一个县苏维埃政权，并开展游击战争。到1929年6月，桑植、鹤峰两县苏区连成一片，不断扩大，当地红军编为红四军（后改为红二军）。1930年春，洪湖地区的地方武装又组成红六军，先后攻占沔阳、潜江、石首等地，成立了鄂西苏维埃政府，标志着洪湖苏区正式形成。同年7月，红二军与红六军会师公安，组成红二军团，贺龙任总指挥。

闽浙赣苏区

1928年1月，方志敏、邵式平领导了赣东北弋（阳）横（峰）年关暴动，并坚持开展游击战争。1928年12月，成立了包括弋阳、横峰等八县的信江工农民主政府。1930年夏，赣东北红军组成红十军，周建屏任军长，奠定了后来闽浙赣苏区的基础。

左右江苏区

1929年11月，邓小平、张云逸领导发动了百色起义，建立了左右江苏维埃政府，并成立了红七军，张云逸任军长，邓小平任政委。1930年10月，红七军奉命北调，次年抵达中央苏区，并入中央红军。

到1930年下半年，虽然遭到国民党的残酷镇压和共产党内错误路线的干扰，但中共领导的苏维埃运动仍然获得了很大的发展。农村红色政权已经分布到江西、福建、湖南、湖北、广西、广东、河南、安徽、浙江等许多省份；红军人数超过7万，枪支超过7万，党员人数达12万以上。

1930年2月，中共中央决定将红军统一编为8个军：鄂豫皖编为红一军；贺龙、周逸群部编为红二军；赣西南编为红三军；朱德、毛泽东部编为红四军；彭德怀部编为红五军；鄂西周逸群部编为红六军；广西左右江编为红七军；湖北阳新、大冶编为红八军。同年6月，中共中央又将长江流域的红军组成3个军团：红三、四、十二军组成红一军团，由朱德任总指挥；红二、六军组成红二军团，由贺龙任总指挥；红五、八军组成红三军团，由彭德怀任总指挥。

第一次"围剿"及其被粉碎

1930年8月下旬，红三军团攻占长沙以后，蒋介石大为震惊，立即命令武汉行营主任何应钦召集湘鄂赣三省党、政、军高级官员举行"绥靖会议"，确定了以军事为主，党务、政务密切配合，分别"围剿"各个苏区红军的总方针。蒋介石得知红一方面军主力集中于赣南之后，决定以鲁涤平第九路军（辖5个师又1个旅）为主力，并调朱绍良第六路军（辖4个师又1个旅）由豫、闽入赣，蒋光鼐第十九路军（辖2个师又1个旅）由粤入赣协剿，全部兵力共11个师又3个旅，总计10万余人，抽调航空第一、三、五队赴赣助战。同时，在南昌成立陆海空军总司令行营，以国民党江西省主席、第九路军司令鲁涤平兼行营主任，统一指挥江西"剿共"军事。

鲁涤平将所部分为3个纵队，第十八师张辉瓒部、新编二十师许克祥部为第一纵队，由张辉瓒兼任指挥，集中于丰城、樟树，以攻取吉安、永丰为目的；第五十师谭道源部、独立十四旅刘夷部为第二纵队，集中于新建一带，以攻取新喻（今新余）为目的；第七十七师罗霖部、新五师公秉藩部为第三纵队，集中于高安、上高，以攻取分宜、安福为目的；毛炳文、熊式辉两师担任预备队。南昌行营决定采用分路进攻、"长驱并进"的战术，并制定了下述作战方针："以主力由永丰、乐安方面进剿，并各以一部由广昌、石城及兴国方面进剿，将匪军包围于宁都以北及东韶、东固间地区而歼灭之"。

11月中下旬，国民党军从江西吉安到福建建宁的广阔战线上，开始向江西苏区分路发动进攻。12月上旬，蒋介石亲赴南昌视察，并发表《告民众书》，声称此次"剿共"大军共有30余万众，海军有兵舰20艘，飞机数十架，四面围堵，无异罗网，"惟诚心悔过投顺者赦免，携械或擒杀匪首来归者有赏。"

为了反击国民党的"围剿"，红一方面军发布了第一次反"围剿"命令："诱敌深入赤色区域，待其疲惫而歼之"。具体作战部署如下：①先以主力移到赣江东岸，相机取樟树、抚州，筹措给养，训练部队。②红三军团为中路军（由彭德怀、滕代远指挥），迅速渡过袁水南岸，集中队伍，向樟树前进，相机略取之。③红四军、红十二军（由林彪、罗炳辉指挥）为右路军，经崇仁向抚州前进，相机略取抚州。④红三军（由黄公略、蔡会文指挥）为左路军，担任赣江西岸一带地区扰敌工作，牵制敌人进攻吉安。

由于红军主力迅速转移，使国民党军屡次扑空，但敌军仍一意孤行，不断向根据地中心逼近。

12月16日，国民党第九路军主力新编第五师公秉藩部进至陂头，第十八师张辉瓒部进至古县，第五十师谭道源部进至招携一线，并继续向前推进。红军见敌军来势汹汹，大部队迅速撤退，只留下小部队牵制敌人，以诱敌深入。19日，公秉藩师进攻东固，红军略作抵抗后即撤往龙岗，国民党军占领东固。20日，张辉瓒师与公秉藩师在东固会师。东固战斗小胜，使国民党得意忘形，蒋介石特奖新五师公秉藩部银洋1万元，并将其番号改为第二十八师，以资鼓励。

鲁涤平为暂时的胜利冲昏了头脑，不顾其他部队未能抵达指定位置，即命令张辉瓒、公秉藩、谭道源3个师长驱直入，"先行进剿"。国民党军孤军深入，为红军集中优势兵力，各个击破创造了条件。红一方面军总前委分析了敌情，认为张辉瓒第十八师和谭道源第五十师为鲁涤平的嫡系部队，2个师各1.4万人，是"围剿"的主力，张辉瓒又是前线总指挥，而红一方面军主力有4万人，完全有能力消灭这2个师，如此便可基本打破敌之"围剿"，于是决定趁其处于运动之中和立脚未稳之际歼灭其主力。

12月28日，张辉瓒师由东固东进，抵达龙岗。红一方面军立即调集红三、四、十二军和红三军团，予以围歼。30日，将张部十八师团团围困于龙岗地区。张辉瓒孤注一掷，亲自指挥4个团向红军猛攻，均被击退。激战至下午，红军将第十八师截为两段（中间距离约2公里），形成各个包围。是时风雨大作，红军发起总攻，反复猛冲，突破敌军阵地，先后击毙敌五十三旅副旅长洪汉杰及一〇五团团长朱先志。张辉瓒率师部直属队负隅顽抗，后见大势已去，企图自杀未遂，被红军俘获。余部溃散四逃，全军覆没。前来增援之敌，得知第十八师被歼，张辉瓒被俘，急速后撤。

是役红军歼灭敌第十八师师部和2个旅近1万人，缴获各种武器9000余件。被活捉的国民党军前敌总指挥兼第十八师师长张辉瓒，后经东固群众大会公审被处决。

龙岗大捷之后，红军乘胜挥师东向，分成左、中、右三路，追歼敌五十师谭道源部。1931年1月3日，红军进抵东韶附近，随即向敌五十师发起攻击，国民党军仓促应战。经过激烈战斗，红军左、中路军分别突破敌军阵地，敌五十师伤亡惨重，团长黄敬、团副谭济康相继被击毙。谭道源见势不妙，乘红军右路军尚未到达指定位置，急令所部向南丰、洛口逃跑。东韶战斗歼灭国民党军五十师1个多旅，缴获步枪1000余支，机枪40余挺。

东韶战斗后，国民党军接连丧师，阵脚大乱。南昌行营命令第二十八师立即撤回吉安，第八师、第二十四师撤回南丰。此时第六路军尚在闽境，未能入赣；第十九路军虽然进驻兴国，但已无法挽回整个"围剿"的败局。至此，国民党对江西苏区发动的第一次"围剿"被粉碎，总计损兵1.5万人。国民党当局在事后检讨第一次"围剿"失败的教训时，不得不承认红军的优点是："凭借苏区组织，从事作战准备"，"确保主动，避免于不利态势下作战"，"乘虚蹈隙，机动集中兵力，先后各个击破我第九路军第十八、第五十两师"；而"我军兵力之部署过于分散，各军师之行动又无统制,步调不齐","以致第一次'围剿'作战失利"。

第二次"围剿"的失败

第一次"围剿"失败后,蒋介石并不甘心失败,立即调兵遣将,准备发起新的大规模"围剿"。

1931年2月,蒋介石派军政部长何应钦兼任南昌行营主任,离宁赴赣,组织对江西苏区的第二次大"围剿"。蒋介石吸取了上次失败的经验教训,特别强调,此次"围剿",当"以厚集兵力、严密包围及取缓进为要旨",并据此制定了第二次"围剿"的作战方针:"以歼灭赣南匪军为目的,以主力分由东、北、西三方面进剿,一部由南面协剿,并依稳扎稳打、步步为营之原则,将匪军严密封锁,逐渐缩紧包围圈,断绝匪军物资来源,最后一举而歼灭之。"蒋介石声称在"三个月内,一定可以将其完全消灭!"何应钦也宣布:"政府此次剿赤,早具消灭决心,赤匪一日不灭,大军一日不他调。"

国民党第二次"围剿"所动用的兵力,除参加上次"围剿"的第六、九、十九路军外,又增调王金钰第五路军(辖5个师)和孙连仲第二十六路军(辖3个师)参战,总兵力达20万人。

4月1日,国民党军分兵四路发动进攻,蒋光鼐第十九路军主力2个师由兴国向龙岗、宁都方向前进;王金钰第五路军主力三个半师由泰和、吉安、吉水、永丰向东固、潭头、沙溪方向前进;孙连仲第二十六路军主力2个师由乐安、宜黄向大金竹、洛口方向前进；朱绍良第六路军主力两个半师由南丰、康都向广昌方向前进，开始大举"围剿"江西苏区。

在这次"围剿"中，国民党军向前推进十分谨慎，每日只前进5里、10里或20里，每占一地即构筑工事和进行"驻剿"，伴之以大肆烧杀和严密封锁，同时进行反共宣传，以造成苏区的经济困难和人心恐慌。

第一次反"围剿"后，红一方面军主力虽然减至3万人，但经过休整后，斗志更加旺盛。从1931年3月起，江西苏区军民便开始积极准备，以反击敌人的第二次"围剿"。

3月上旬，红一方面军制定了反"围剿"计划，提出要"分散密布，坚壁清野"，命令红军立即撤离东固、龙岗地区；红五、八军分别开往宁都、兴国、永丰、宜黄、乐安等处山中；红九、十军分别进入万安、遂川一带策应；红十二、二十军进入吉安、泰和一带；红二十二军进入永新、宁冈、莲花与攸县、醴陵联络；各部必须避实就虚，乘机进攻，分散密布，随时变动，使国民党军无可捉摸，难以防范。鉴于各路国民党军中，蔡廷锴部、孙连仲部和朱绍良部的战斗力比较强，红一方面军决定集中力量打击战斗力较弱的王金钰部，首先争取在运动中歼灭其第二十八师和第四十七师。

此时，王金钰第五路军分为三路，向东固推进。第二十八师公秉藩部及第四十七师1个旅为右路，经富田向东固攻击前进；第四十三师郭华宗部为中路，向潭头攻击前进，尔后协助右路进攻东固；第五十四师郝梦龄部为左路，向沙溪攻击前进，尔后协同中、右两路会攻东固。南昌行营一再提醒各路指挥官："均须稳扎稳打，并确实联络，互相策应，避免孤军深入，以防被匪军各个击破。"4月7日，右路公秉藩师攻占富田。中、左两路进展缓慢，直到5月中旬才抵达指定位置。5月13日，左路郝梦龄师攻占沙溪；15日，中路郭华宗师攻占潭头。至此，第五路军各师迫近东固，准备协力进攻东固。

红一方面军主力在东固山区等待20余日，终于捕捉到了歼灭敌军的战机。5月15日，红一方面军下达作战命令，以红三军团为左路军，红三军为中路军，红四军、红十二军为右路军，共同围歼由富田进犯东固的敌公秉藩师。16日，公秉藩师由富田进犯东固，途中突然遭到红军主力的猛烈进攻，猝不及防，顿时陷入混乱之中，大部迅速被歼。第二十八师无线电队的全部人员和器材均落入红军之手，师长公秉藩亦被当地赤卫队俘获，后被红军误认为白军营部书记予以错释。红军乘胜追击，又歼灭敌军1个旅大部，并收复固陂、富田。富田战斗歼灭第二十八师及第四十七师1个旅大部，缴获枪支5000余支，火炮30余门，取得了第二次反"围剿"的首战胜利。

富田战役之后，红军主力星夜转移于潭头方面，17日围攻敌四十三师郭宗华部。郭师力不能支，向水南逃窜，企图退至潇龙河北岸据守。潇龙河水深流急，无法徒涉，而原先架设的便桥又为赤卫队拆除，郭部只得转向白沙逃窜。红军乘胜追击，于19日在白沙截住逃敌，经激战，全歼敌四十七师1个旅和四十三师一部。白沙战斗，红军缴获各种枪支4000余支，山炮2门。

上述战斗进行之时，孙连仲第二十六路军奉命绕道向红军侧后进攻。5月21日，第二十七师高树勋部在中村与红军遭遇，双方展开激战。22日上午，红三军团和红四军对中村发起猛烈进攻，激战六七小时，于当日下午占领中村，残敌窜回乐安。中村之战，红军歼国民党军二十七师1个旅，缴获各种枪支3000余支。

红军在痛击国民党军第五路军和第二十六路军之后，开始挥师东进，迎击朱绍良第六路军。此时，第六路军为避免孤军深入，慌忙向广昌收缩兵力，并从5月23日起，开始由广昌向南丰撤退。红一方面军决定乘敌军第五师胡祖玉部未及撤离广昌之机，攻歼该师。27日，红军直逼广昌城下，从南、北两面展开攻城。经过一天激战，于当晚9时攻克广昌城，歼灭守军第五师一部，重伤师长胡祖玉（6月3日胡死于南昌）。胡师余部向南丰溃逃。红军取得了第二次反"围剿"中第四仗的胜利。

广昌战斗之后，国民党军第五十六师刘和鼎部约7000人，从宁化仓皇撤回建宁。红一方面军决定集中主力攻打建宁的刘和鼎师，为开辟新区创造条件。5月31日，红三军团突然出现在建宁城下，城内守军刘和鼎以为是小股红军，贸然出城迎战，被红军消灭大部，刘和鼎率残部逃往延平，红军顺利进占建宁、泰宁。

建宁之战，红军歼敌3个团，俘敌3000余人，缴获枪支2500余支和足供红军全军半年之用的大批西药，取得了第二次反"围剿"最后一仗的胜利。

从5月16日至31日，红一方面军在半个月内从赣江之畔一直打到闽北山区，横扫700余里，接连在富田、白沙、中村、广昌、建宁等地打了5个胜仗，歼敌3万余人，缴枪2万余支，痛快淋漓地打破了国民党的第二次"围剿"。

国民党军事当局事后分析失败原因，被迫承认：红军"组织群众，坚壁清野，分散配置，集中攻击之指导要领，均合机宜"；其机动灵活，连续作战，"符合避实击虚之原则，尽其游击性运动战之能事"。而国民党军参战各部，因"历史不同，互信未立，自难密切协同发挥统合战力"，故"以约一倍之兵力，四面围剿，仍感不足"。

对江西苏区的第三次大"围剿"

两次"围剿"的失败，说明中共领导的苏维埃运动得到广大苏区人民的支持，也反映出红军不断成长壮大，具有不可低估的作战能力，这一事实对南京国民党政府产生了极大的震动，它开始将红军和苏区作为自己最危险的敌人，决心调动所掌握的全国一切力量，予以扑灭之。

1931年6月，国民党在南京举行三届六中全会，通过了《为一致协力扑灭赤匪告全国同胞书》，承认

"政府未尽剿治之能，民间未尽自卫之力，以致星星之火，若将燎原。鄂、赣诸省，匪焰尤炽"；提出要"集全国一致之力量以扑灭"红军。

6月6日，蒋介石发表《告全国将士书》，宣称"赤祸"是中国"最大祸患"，"中正秉命党国，督率军旅"，"誓集全国之力，弭此民族巨患"，表明他将亲自出马，指挥"剿共"军事。同时调集其嫡系部队（即所谓"中央军"）5个师10万人，作为主力入赣参战。21日，蒋介石离宁赴赣，亲自组织对江西红军实行第三次大"围剿"。

蒋介石在南昌召集高级将领会议，制定第三次"围剿"的作战方针为："厚集兵力，分路围剿"；"以包围歼灭赣南匪军为目的，即以主力分由南丰方面进攻，以一部守备吉泰、万赣等地，先期击破匪军主力，尔后逐次清剿散匪，廓清赣南之匪军"。他自任总司令，以何应钦为前敌总司令，并聘请德、日、英人为军事顾问。具体部署如下：左翼集团军由何应钦兼任总司令驻抚州指挥，下辖陈诚第一路进击军、赵观涛第二路进击军、朱绍良第三军团和蒋鼎文第四军团，共7个师，从南丰、南城、抚州方向进犯苏区。右翼集团军由陈铭枢任总司令驻吉安指挥，下辖蒋光鼐第一军团、孙连仲第二军团和上官云湘第三路进击军，共9个师，从吉安、永丰、乐安方向进犯苏区。总预备军由卫立煌任总指挥驻临川，下辖5个师又3个旅，负责增援左右翼军作战，并担任清剿，维护后方和防堵红军突围。总兵力达23个师又3个旅，计30万人。

其中陈诚、罗卓英等师都是蒋介石的嫡系主力部队,战斗力较强。蒋介石还调空军第一、三、四、五、七队,分驻南昌、樟树镇、吉安等机场,支援作战。

为了迫使国民党部队努力作战,蒋介石宣布"倘有攻剿不力或违令、贻误戎机者,将以军中连坐法治罪",随即在参战部队中实行严酷的"连坐法",即"如师长未退,旅团长先退者,杀无赦;旅长未退,团营长先退者,杀无赦。由此类推"。蒋介石还发布《训县长书》,警告各县县长:"或闻警弃城,希图苟全性命,则一经拿获,必处极刑。"蒋介石又在南昌行营发表告全国同胞书,气势汹汹地表示,将"以卧薪尝胆之精神,作安内攘外之奋斗","必期于最短期内剿灭赤匪","赤匪有一未灭,则中正之责任一日未尽"。

7月1日,国民党军左、右翼集团军从抚州、吉安两路同时进犯苏区。至20日,国民党军相继占领黎川、广昌、宁都等地,企图寻找红军主力进行决战。

蒋介石在第二次"围剿"失败一个月后,即发起规模更大的第三次"围剿",确实出乎红军的意料。当时,红一方面军主力3万人,苦战之后尚未得到充分休整,仍处于分散状态,面临很大困难。针对国民党军企图与红军主力迅速决战的意图,红一方面军决定继续实行诱敌深入的方针,以地方部队发动游击战迟滞敌军前进,红军主力迅速集中,向苏区纵深地区转移,准备发动反攻。

7月10日,红军主力从各自区域出发,紧急行军,绕过瑞金、宁都,于28日到达兴国西北高兴圩地区,行程近千里，史称"千里回师"。

国民党军进入江西苏区20余日，一直未能找到红军主力决战。直至7月底，始发现红军主力集中于兴国地区，蒋介石急令其主力分路由东向西长驱直入，企图压迫红军于赣江边而消灭之。国民党军第一军团由富田、东固向兴国推进，第一路进击军由黄陂向兴国推进，第三路进击军由沙溪向兴国的莲塘、良村地区推进。各路国民党军纷纷向兴国地区迅速合围，红军处于西有赣江，东、北、南三面受敌的不利境地。

对此，红一方面军制定了"避敌主力，打其虚弱"的作战方针，命令主力部队突出包围圈，向东南面的莲塘、良村地区突进，歼灭进至该地的战斗力较弱的敌第三路进击军。8月5日晚，红军主力利用夜幕掩护，秘密地通过了崇贤、兴国两地敌军之间40华里的空隙地带，跳出了包围圈，转移到莲塘地区待机行动。

8月7日凌晨，红三军团和红三、四、七、十二军向进至莲塘地区的上官云湘第四十七师第二旅发起猛烈进攻，激战至上午9时，全歼该旅，击毙旅长谭子均，取得第三次反"围剿"的首战胜利。随后，红军不顾疲劳，立即挥师进攻良村之敌。途中歼敌1个团，击毙旅长张銮诏；随即猛攻驻守良村的郝梦龄第五十四师，歼灭一部，击毙副师长魏我威、参谋长刘家祺，其余部逃往龙岗。

莲塘、良村战斗，红军共歼敌2个旅，俘虏3500余人，缴获枪支3000余支、迫击炮14门、子弹30余万发、马200余匹。

良村战斗之后，红军主力继续东进，准备围歼黄陂毛炳文第八师。8月11日，红军主力抵达黄陂附近。当日中午，红四、十二军冒大雨发起攻击，一举突入黄陂，歼敌2个团；与此同时，红三军团和红七军亦从东面向黄陂毛炳文部发起猛攻。毛率残部分向洛口、宁都方向突围。黄陂战役，歼敌第八师4个团，俘虏4000多人，缴获各种枪支3000余支、迫击炮11门。

红军从8月7日至11日，5天之内连打3个胜仗，歼敌1万余人，开始由被动转为主动。此时，蒋介石得知红军主力东进，急令其第一、第二路进击军和第三军团立即掉头东向，企图协同由广昌西进的第十师，合围红军主力于宁都以北地区。

8月15日，各路国民党军已逼近红军主力的集中地——永丰的君埠地区。红军连续作战两个多月，"全无休息，疲困已极，疾病甚多"，此时再次处于被敌军7个师三面包围的不利境地，"是为一年来三次战争中最艰苦的时刻"。

面对这一严峻局面，红一方面军果断决定以一部诱敌东向，主力从敌之中左两路之间空隙钻出，潜入兴国地区休整，以逸待劳，伺机歼敌。8月16日，红军主力约2万余人，在夜幕的掩护下，神不知鬼不觉地穿过敌军第一军团和第二路进击军之间仅20华里宽的空隙地带，跳出包围圈，回到兴国东北的白石、枫边地区隐蔽休整。9月初，继续西移，进入兴国、万安、泰和之间山区隐蔽待机。

国民党军经过两个多月来回奔波，已经疲惫不堪，

"肥的拖瘦，瘦的拖死"，士气下降。与此同时，蒋介石与两广军阀之间的冲突加剧，粤、桂军队向湖南衡阳进兵，对南京政府造成很大威胁。蒋介石不得不下令结束"围剿"，实行总退却。国民党军第一、四军团撤向泰和、吉安；第一、二路进击军、第三军团一部撤向吉安、富田；第二军团退回宁都；第三军团另一部撤向广昌。9月初，各路国民党军开始纷纷后撤。

红一方面军得悉兴国地区敌军开始后撤，决定趁机消灭后撤之敌，并迅速扩大战果，彻底粉碎国民党的"围剿"。9月7日，国民党蒋鼎文第四军团正沿黄土坳、老营盘之线北撤，红三军和独立第五师迅速出击，攻占黄土坳，切断敌部先头旅与后续部队的联系，接着全力围攻其先头旅，激战至是日下午，全歼该旅。老营盘之战，歼灭国民党军第九师1个旅，俘虏2000余人，缴获各种枪支2000余支，迫击炮10门。

9月7日，红三军团、红四、三十五军向高兴圩地区国民党军第一军团蔡廷锴、戴戟两师发起攻击，经过两天血战，毙伤2000余人。由于国民党军占据有利地形，红军兵力不够集中，徒涉高兴圩以西河流时又遭到较大伤亡，形成对峙局面。红军主动撤出高兴圩战斗，转移到兴国之茶树冈、永丰圩地区待机。

9月13日，国民党军因被红军打乱退却部署，被迫改变退却路线，第四军团余部和第一军团第五十二师经崇贤、东固向吉安撤退。红军立即集中全力对北撤之敌实施追击。15日，红军在东固以南方石岭截住韩德勤第五十二师和第九师一部，激战至上午9时，全歼该部。是役共俘虏5000余人，缴获各种枪支4500余支，马匹200余匹。第五十二师师长韩德勤亦被俘，后混入俘虏中逃脱。

方石岭战斗后，红三军军长黄公略在东固六渡坳指挥部队转移时，遭敌机轰炸，不幸牺牲。

从7月1日到9月15日，红一方面军经过莲塘、良村、黄陂、老营盘、高兴圩和方石岭等战斗，击溃敌军7个师，歼灭17个团，毙伤俘虏3万余人，缴获各种枪支1.3万支，迫击炮55门，无线电台6部，取得了第三次反"围剿"的重大胜利。

3 对鄂豫皖和中央苏区的第四次大"围剿"

1931年9月18日，日本关东军诬指中国军队炸毁南满铁路，向中国东北军驻地北大营和沈阳城发起突然进攻，制造了震惊全国的"九·一八"事变。东北军在蒋介石"不予抵抗，力避冲突"的命令下，纷纷撤往关内，使日军很快占领了整个东北。

1932年1月28日，日本又在上海点燃战火，悍然向闸北中国守军发起攻击，驻守上海的第十九路军奋起抵抗，史称"一·二八"事变。

日本帝国主义对中国的侵略激起了全国人民的极大愤慨，全国掀起了空前规模的抗日民主运动高潮，中国共产党、苏维埃政府和工农红军多次发表宣言，号召"以民族革命战争，驱逐日本帝国主义出中国"。

全国许多城市都召开了各界抗日救国大会，举行游行示威，强烈要求国民党政府"对日宣战"，"收复失地"，"厉行对日经济绝交"，"组织抗日义勇军"，"停止内争，一致对外"。

在全国抗日运动冲击下，国民党内的矛盾也更为激化。在这种情况下，蒋介石被迫于1931年12月15日宣布辞职。国民党的统治陷入了严重的危机。

第三次反"围剿"胜利之后，红军和苏区的发展进入了一个新的阶段。红一方面军利用当时的有利形势，将红军主力由兴国西部南移到以瑞金为中心的地区，肃清当地的地主武装，扩大和巩固苏区。到1931年冬，赣西南苏区和闽西苏区已经连成一片，形成了以瑞金为中心、拥有29个县和300余万人口的中央苏区。

1931年11月7日至20日，中华工农苏维埃第一次全国代表大会在江西瑞金召开。大会通过了《中华苏维埃共和国宪法大纲》和《中华苏维埃共和国土地法》，宣布成立中华苏维埃共和国临时中央政府，选举毛泽东为临时中央政府主席，并成立了以朱德为主席的中央革命军事委员会，统一领导全国红军。

中华苏维埃共和国的成立，标志着中国已出现了一个代表工人农民和一切劳苦民众利益，与国民党反动政权相对立的革命政权。

在全国抗日民主运动和红军反"围剿"胜利的影响下，进攻中央苏区的国民党第二十六路军1.7万余人，在赵博生、董振堂的领导下，于1931年12月在江西宁都举行武装起义，全军加入红军，改编为红五军团，进一步壮大了红军力量。

在鄂豫皖地区，红四方面军接连发起了苏家埠和潢光战役，共歼灭国民党军4万余人，使鄂豫皖苏区迅速扩大，拥有26个县和350余万人口，主力红军增至4.5万人，地方武装20余万人。中国革命出现了前所未有的大好形势。

蒋介石下台后，仍然控制着政治、军事和经济大权。没有他的支持，南京政府显得群龙无首，运转不灵。于是，国民党内请蒋复职的呼声日益高涨。在这种背景下，经过一番紧张的幕后活动，蒋介石与汪精卫终于就共同执政达成了权力分配的秘密协定。1932年1月，蒋介石重新上台，出任军事委员会委员长，汪精卫出任行政院院长。这样，蒋、汪合作，重新掌握了国民党政府的实权。

蒋介石一上台，就全力谋求结束上海抗战，对日妥协，以便腾出手来对付红军和苏区。5月5日，中日签订了《上海停战协定》，同意扩大日军在上海的驻扎区域，将十九路军撤离，并取缔抗日活动。上海停战之后，蒋介石立即宣布了"攘外必先安内"的反动政策，作为国民党处理对外对内关系的基本准则。他视"剿共"为头等大事，宣称他的第一个责任"乃是剿匪来安内，第二个才是抗日来攘外"；要求部下"专心一致剿匪"，并警告说："嗣后若再以北上抗日请命，而无决心剿匪者，当视为贪生怕死之辈，立斩无赦"。

6月，蒋介石在庐山召开鄂豫皖赣湘五省"清剿"

会议，会商第四次"围剿"红军计划。会议决定先"肃清"鄂豫皖和湘鄂西苏区的红军，然后再"围剿"江西中央苏区，并由蒋兼任鄂豫皖三省"剿匪"总司令，亲自加以指挥。在"清剿"方式上，提出以政治、经济配合军事，以求根本肃清苏区；在军事行动上，要求互相配合，齐头并进。蒋介石还特别强调："剿匪须硬干、快干、实干"，要不惜一切代价。

为了"围剿"红四方面军，蒋介石调动了26个师又5个旅共30万人，分三路进犯鄂豫皖苏区。中路军司令部设在河南信阳，蒋介石自兼司令官，刘峙任副司令，下辖6个纵队，进攻豫南鄂东红军。右路军司令部设在安徽六安，李济深兼司令官，王均任副司令，下辖3个纵队，进攻皖西红军。左路军司令部设湖北，司令官是何成濬，副司令是徐源泉，下辖4个纵队，进攻鄂中红军。

国民党军对鄂豫皖苏区的"围剿"，以其中路军之陈继承第二纵队和卫立煌第六纵队为主力，实行稳扎稳打，分进合击，击破红军主力后，则并进长追，四面堵截。其"围剿"计划分为两步：第一步，攻占黄安、七里坪、新集、商城等要地，将红军主力赶出鄂豫边境；第二步，东西夹击，进占以金家寨为中心的皖西地区，接着由北向南，将红军主力压迫于英山以南之长江沿岸而消灭之。

8月上旬，国民党军中路军和右路军开始大举进攻，猛扑鄂豫皖苏区中心地带。红四方面军主力仓促应战，未能阻止敌军前进，13日国民党军占领黄安。

接着进攻新集,红军在激战5天,毙伤敌军2000余人后,向皖西转移。9月9日,鄂豫皖苏区的政治中心新集失陷,14日商城又失守。9月上旬,红四方面军主力进至皖西金家寨地区,与红二十五军会合。

蒋介石发觉红军主力西移,急调部队追击堵截,围攻皖西苏区。在此情况下,10月10日,张国焘在黄柴畈召开紧急会议,决定留少数部队在苏区坚持斗争,红四方面军主力转移外线作战。会后,红四方面军主力2万余人越过平汉路向西转移,转战鄂陕川地区,从此未再返回鄂豫皖苏区。

在湘鄂西苏区,国民党军左路军10万余人在何成濬、徐源泉指挥下,从7月中旬开始发起大规模进攻。其计划是:第一步先"包围歼灭"襄河北岸之红军,尔后转入襄河南岸作战;第二步再"摧毁"洪湖苏区。国民党军集中兵力进逼,急欲寻找红军主力决战。7月下旬,红三军被迫转移至荆门东南地区,襄北地区为国民党所控制。8月上旬,国民党军全力"围剿"洪湖苏区。至9月上旬,洪湖苏区几乎全部失陷,后方机关和人民群众遭受重大损失,医院、兵工厂等全部被焚毁,红三军主力被迫转移至鄂北地区。至此,鄂豫皖苏区和湘鄂西苏区的第四次反"围剿"均告失利。

在鄂豫皖和湘西苏区得手之后,国民党军开始将进攻矛头转向江西,对中央苏区发动了第四次大"围剿"。蒋介石在南昌设立了赣粤闽湘边"剿匪"总司令部,由何应钦出任总司令,并制定了下述作战方针:"为求迅速歼灭赣南匪军主力,以三路分途向匪巢进剿，主力集中于中路，包围匪军主力于黎川附近地区一举而歼灭之。"具体部署为：以陈诚为中路军总指挥，统率蒋军嫡系12个师；以蔡廷锴为左路军总指挥，统率驻福建的第十九路军等部6个师又1个旅；以余汉谋为右路军总指挥，统率粤军6个师又1个旅。总兵力共30多个师30多万人。陈诚率领的中路军，是这次"围剿"的主力，下辖3个纵队：第一纵队罗卓英，下辖3个师，驻乐安、宜黄地区；第二纵队吴奇伟，下辖3个师，驻抚州地区；第三纵队赵观涛，下辖4个师，驻金溪、浒湾一线。1931年1月底，国民党军各路部队开始分头行动。

红一方面军经过三次反"围剿"的胜利，部队得到了扩大，此时共辖第一、三、五军团和第十一、十二、二十一、二十二军，总兵力约7万人。红一方面军遵照中央的指示，在敌人部署未定之时首先进攻，以调动敌人，于2月12日对敌军的重要据点南丰发起攻击。国民党军中路军总指挥陈诚立即调兵增援，企图同红军在南丰地区进行决战。红一方面军以一部伪装主力，向黎川前进，诱敌东进；主力则秘密转移至东韶、洛口地区，待机歼敌。陈诚果然上当，立即调兵东进，企图围歼红军主力于黎川、建宁地区。当时由宜黄、乐安向黄陂开进的国民党军第一纵队比较孤立，红一方面军决定集中兵力，争取在运动中首先歼灭该敌。

2月27日，国民党军第一纵队第五十二师李明部和第五十九师陈时骥部，分别沿登仙桥和固冈一线向黄陂前进，当时细雨浓雾，道路泥泞，国民党军行动非常缓慢。下午1时，红一军团首先向敌军发起进攻，将第五十二师拦腰切断，激战3小时，歼灭第五十二师师部，俘虏师长李明，红三军团也随即投入战斗，战至次日上午，全歼第五十二师。

与此同时，红五军团、红十五、二十二军也开始围歼敌第五十九师。28日，红军发起全线进攻，激战至下午，歼灭第五十九师大部；该师师长陈时骥率残部数百人逃往蛟湖，3月1日在登仙桥附近全部被歼，陈时骥被俘。

黄陂战役，红军歼敌近2个师，俘虏万余人，缴获枪支万余支、迫击炮40多门，取得了第四次反"围剿"的首战胜利。

黄陂作战失败后，陈诚于3月中旬调整作战部署，将分进合击方针改为中间突破，命令所部由黄陂、东陂地区向广昌方向进攻，企图攻占广昌，"围歼"红军主力于广昌地区。红一方面军决定乘敌前后纵队之间拉开距离，后纵队力量比较薄弱之机，集中优势兵力，歼灭敌第十一师萧乾部于草台岗、徐庄地区。3月20日，第十一师陆续到达徐庄、草台岗一线。当夜，红军各部先后进入攻击位置，次日凌晨，发起全线猛攻，展开激烈战斗，霹雳山、雷公嵊一带战斗尤为惨烈。红军迅速突破国民党军防线，对敌分割包围，战至下午，敌军第十一师大部被歼，师长萧乾受伤逃脱，旅、团长以下军官伤亡惨重。

草台岗战役，红军歼敌第十一师又1个营，俘虏

6000余人，缴枪5000余支。至此，第四次大"围剿"基本被打破。

红一方面军在黄陂和草台岗战斗中，歼灭了蒋介石嫡系部队3个师，俘虏近2万余人，缴获各种枪支1.5万余支，取得了第四次反"围剿"的重大胜利。特别是国民党军第十一师，是蒋介石嫡系部队中的王牌军，它的覆灭，使各路国民党军为之丧胆，极大地打击了国民党军的士气。蒋介石承认："惟此次挫失，惨凄异常，实有生以来惟一之隐痛。"国民党对中央苏区发动的大"围剿"又一次以失败而告终。

4 第五次反"围剿"的失败和红军长征

1932年3月，日军攻陷热河省会承德，并继续向长城各口进犯，威逼华北，民族危机进一步加深。蒋介石调何应钦为军事委员会北平分会代理委员长，负责与华北日军交涉和妥协。5月31日，何应钦派代表与日本签订丧权辱国的《塘沽协定》，承认日本占领东三省和热河的"合法性"，并承认冀东为"非武装区"，使华北的门户洞开。

蒋介石不顾严重的民族危机，坚持"攘外必先安内"的方针，与日本取得妥协后，便集中精力重新对付红军和苏区。从1931年5月开始积极筹划和准备第五次大"围剿"。南京政府撤销了赣粤闽边区"剿匪"司令部，在南昌成立了军事委员会委员长南昌行营，负责指挥对中央苏区的第五次大"围剿"。

这次"围剿",蒋介石吸取了以往四次"围剿"失败的经验教训,强调"三分军事,七分政治"。在政治上,厉行保甲制度和"连坐法",训练地方团练武装;在经济上,对苏区实行严密的封锁;在军事上,采取持久战和"堡垒主义"的新战略,构筑碉堡线,逐次推进,不断压缩苏区。同时,在庐山设立军官训练团,编印《剿匪手册》,聘请以赛克特为首的德国军事顾问团,对排以上的军官实行法西斯主义的军事训练。

蒋介石制定了第五次大"围剿"的指导方针:以歼灭赣南匪军主力及流窜于闽西、鄂南、赣西北、浙赣闽边区匪军为目的,区分为北路、西路、南路军及浙赣闽边区。政治配合军事,本"战略攻势,战术守势"及组训民众之原则,构筑绵密之封锁线,防止匪军流窜,逐步缩小包围圈,期于最后歼灭匪军于赣南地区。并以北路军为进剿之主力。其具体部署如下:北路军总司令顾祝同。前敌总指挥蒋鼎文,指挥第一路军(由顾祝同兼任总指挥),下辖4个师又2个旅;蒋鼎文第二路军,下辖6个师;陈诚第三路军,下辖18个师又1个旅,担任此次"围剿"的主力军,依托碉堡向广昌方向,寻求红军主力决战。南路军总司令陈济棠,指挥11个师,阻止中央红军向南发展,并配合北路军向广昌进攻。西路军总司令何键,指挥9个师又3个旅,负责"围剿"湘赣和湘赣鄂两苏区,并阻止中央红军向西发展。国民党军进攻中央苏区的总兵力达到50万人。

1933年9月下旬，国民党军开始对中央苏区发起第五次大"围剿"。

面对国民党军的进攻，中华苏维埃临时中央政府发布了《为粉碎第五次"围剿"紧急动员令》，指出"这一战斗是苏维埃道路与殖民地道路决战的紧急关头！"号召苏区军民奋起保卫中央革命根据地。当时的中央苏区已经连续四次粉碎了国民党的"围剿"，扩大了根据地，壮大了红军力量，中央红军已增加到10万人，同时积累了许多宝贵的反"围剿"经验。但当时的中共临时中央推行王明的"左"倾冒险主义，提出了"御敌于国门之外"、"不让敌人蹂躏一寸土地"的错误方针，由共产国际派来的军事顾问李德实际上掌握了中革军委的领导权，实行军事教条主义的错误指挥，使第五次反"围剿"从一开始就陷于非常被动的局面。

9月25日，国民党军北路军3个师由南城、硝石向黎川发动进攻，并于28日占领黎川，揭开了第五次大"围剿"的序幕。中革军委仓促命令当时正在外线作战的红三军团，由福建将乐、顺昌地区北上迎敌，恢复黎川。10月7日，红三军团在洵口与敌军发生遭遇战，消灭敌赵观涛第六师1个旅，俘虏旅长葛钟山；随后奉命进攻黎川以北之硝石。

硝石处于国民党军黎川、南丰、南城三个据点之间，有重兵把守，易守难攻。9日至13日，红军连攻不克，伤亡1000多人，被迫撤出战斗。硝石之战为第五次反"围剿"以来的首次战斗，红军"开脚第一步就失去了主动权"。

10月中旬,国民党军第三路军为了确保黎川并维护硝石至黎川之间的交通,调集7个师的兵力进驻硝、黎之间的资溪桥地区,并立即构筑工事,加强固守,企图首先完成黎、硝一带的碉堡封锁线,吸引红军攻击而消灭之。中革军委无视敌我力量对比,亦集中红军主力第一、三、五军团,准备与敌军在资溪桥地区决战。

22日,红军对资溪桥发起攻击,连攻4天,未能奏效,各部队均遭受相当伤亡,不得不放弃在资溪桥与敌军决战计划。

11月11日,红七军团奉命突袭浒湾,在八角亭遭到敌军夹击,阵地被突破后,仓促撤退;红三军团前往增援亦受阻,在敌军密集火力和飞机低空扫射下,红军伤亡达1100人,于12日被迫退出战斗。

11月17日,陈诚调动5个师的兵力,向驻守大雄关、云盖山阵地的红一军团发起猛烈进攻,红军顽强作战,但终因伤亡过大,被迫放弃阵地,向苏区转移。

12月15日,红三军团在闽赣边界德胜关与敌军激战,双方都遭受重大伤亡,红军退守建宁苏区。

经过两个多月的苦战,红军辗转于敌军主力和堡垒之间,完全陷于被动境地,只得停止进攻,撤回苏区,转入防御战争。蒋介石得意地宣称:"自上月开始五次'围剿'以来,一战于硝石、资溪桥,二战于许湾,三战于滕田,四战于大雄关,五战于神岗、党口,无役不胜。"在苏区周围,国民党军建立起大量的碉堡和封锁线,对苏区的封锁日臻严密。

红军北线进攻作战受挫后,以王明为首的中共临时中央由军事冒险主义转变为军事保守主义,从1933年12月中旬起,转而采取消极防御的战略方针,要求红军进行阵地防御,"以碉堡对碉堡",处处设防,节节防御,企图以此"迟滞敌人的进攻,削弱其力量"。红一方面军总部进驻建宁,红一、五军团防守南丰西北,红三、七军团防守黎川东南的铜埠、泰宁、建宁、广昌一线。

正在此时,驻福建的国民党第十九路军发动福建事变,宣布反蒋抗日。蒋介石被迫从"围剿"苏区的部队中抽调9个师,去福建"讨伐"第十九路军。此时毛泽东提出红军主力乘此机会,"应该突进到以浙江为中心的苏浙皖赣地区去,将战略防御转变为战略进攻"。但临时中央拒不采纳,使红军丧失了粉碎敌人第五次"围剿"的有利时机。

1934年1月下旬,蒋介石在镇压第十九路军之后,将进入福建的部队组成东路军,以蒋鼎文为总司令,协同其北路军、南路军、西路军,以东西南北四面合围的态势,重新开始进攻中央苏区。

从1月下旬至3月下旬,红军在北线和东线进行了一系列艰苦的阵地防御战。

在北线,红军为了阻止陈诚第三路军向建宁推进,1月下旬在黎川以南横村、樟树进行了阵地防御战,在建宁以北之邱家隘、坪寮进行了阵地反击战;2月上、中旬,在鸡公山、凤翔峰进行了阵地防御战;3月上旬在南丰西南三溪圩、三坑进行了阵地反击战。

在东线，为了阻止蒋光鼐东路军的进攻，红军在沙县、将乐、泰宁、明溪一线进行了阵地防御战。

在上述战斗中，红军均遭受了重大损失，仅三溪圩、三坑之战，红军伤亡就达2200余人，但仍未能阻止国民党军向中央苏区的推进。

4月上旬，北线陈诚第三路军集中11个师向苏区重镇广昌发起进攻，企图打开中央苏区的北大门，诱使中央红军主力决战。中共临时中央不顾红军的实际情况，调集红一、三、五、九军团9个师的兵力死守广昌，在广昌及其以北地区与敌人死拼硬打。

从4月10日开始，国民党军以飞机大炮狂轰滥炸，步兵对红军阵地发起轮番猛攻；红军在广昌以北罗家堡、大罗山、杨家岭、马坊寨等地修筑工事顽强抵抗，不断发起短促突击，多次与敌军展开白刃肉搏战，战况空前激烈。

广昌保卫战历时18天，最后以失利而告终。红军虽然给国民党军以严重打击，但自己也伤亡5500余人，占参战部队的1/5，是红军有史以来损失最大的一次战役。有时红军激战一天，发动几次突击，就伤亡近千人；固守防御工事的红军部队，饱受国民党军飞机轰炸，有时整营人全部牺牲。

4月27日广昌陷落，红军被迫向广昌以西地区转移。4月下旬，国民党军东路军汤恩伯第十纵队进攻建宁，红军又进行了建宁保卫战。经20多天浴血奋战，未能击退敌军进攻，5月16日，国民党军占领建宁。

占领广昌后,国民党军调整部署,分兵6路向中央苏区的中心区域逼近。国民党军北路军10个师向兴国、古龙岗推进;陈诚第三路军先占头陂,尔后集中9个师向宁都推进。东路军6个师向长汀推进;南路军3个师向会昌推进。7月上旬,各路国民党军发起全面进攻。此时,中共临时中央不是采取措施保存红军的有生力量,而是提出了"六路分兵"、"全线防御"的错误方针,要求红军继续采取消极防御,同敌人拼实力拼消耗。以红三军团防御进攻兴国之敌,红五军团抵御进攻宁都之敌,红一、红九军团阻止进攻长汀之敌。

从8月初开始,红军在宁都、石城以北的大寨脑、高虎脑、万年亭、驿前和建宁东南的邱家堡、洛阳堡、新桥、驻马店等地,与进攻的国民党军展开了旷日持久的激烈攻防战。其中以高虎脑、万年亭战斗最为激烈。红军在当地修筑了5道防御阵地,以步枪、机枪、手榴弹和大刀,击退了敌军多次集团冲锋,迫使蒋军精锐第八十九师因伤亡过重退出战斗,但红军也伤亡2300余人(其中干部600余人),红五师师长李天佑身负重伤。战至28日,红军不得不放弃驿前以北全部阵地。9月上旬,红一、九军团在东线温坊地区歼灭1个多旅,给国民党军东路军以沉重打击,但已改变不了整个战役的被动局面。

9月下旬至10月初,国民党军继续向中央苏区的腹地推进。此时中央苏区日益缩小,仅存瑞金、会昌、雩都、兴国、宁都、石城、长汀等县狭小地区,中央红军也由10万人减至8万人,已经失去了在内线粉碎国民党军"围剿"的可能性。

在这种情况下，毛泽东、彭德怀建议跳出敌人包围圈，进行外线作战，调动敌人以消灭之，但中共临时中央为国民党军的气势汹汹所吓倒，已无采取战略进攻向外线作战的勇气，遂仓促决定放弃中央苏区，命令红一、三、五、八、九军团立即向瑞金、雩都、会昌地区集中。

10月10日，中央红军主力8.6万人从瑞金出发，向湘西实行战略转移，进行长征。项英、陈毅领导地方红军1.6万余人，留在中央苏区坚持斗争。

至此，第五次反"围剿"宣告失利。11月10日，国民党军占领中央苏区首府瑞金。同日，南京政府宣布第五次"围剿"结束。

国民党军占领苏区之后，实行了野蛮的三光政策，仅中央苏区就有8万多人被杀，整个苏区"无不焚烧之居，无不伐之树，无不杀之鸡犬，无遗留之壮丁，间阎不见炊烟，田野但闻鬼哭！"遭到了空前的浩劫。

红军开始长征后，蒋介石即调集大军进行围追堵截。从10月中旬到11月底，中央红军经过连续奋战，突破国民党军4道封锁线，渡过了湘江，但也付出了重大代价，人员折损过半，锐减至3万人。

1935年1月，红军攻克贵州遵义，随即召开政治局扩大会议，结束了王明"左"倾冒险主义的统治，确立了以毛泽东为代表的新的中央领导。随后，中央红军四渡赤水，进入云南，于5月中旬巧渡金沙江，摆脱了数十万国民党军的围追堵截，掌握了长征的战略主动权。

6月，红一方面军到达四川懋功，与红四方面军会师，确定了北上抗日，创立川陕甘苏区的战略方针。7月，红军翻越大雪山，到达毛尔盖。毛泽东等率红一、三军团继续北上，穿过荒无人烟的草地，突破天险腊子口，越过岷山，渡过渭水，于10月19日，抵达陕北根据地的吴起镇，同陕北红十五军团胜利会师。

1936年6月，贺龙领导的红二方面军到达西康甘孜与红四方面军会合，然后一起北上。10月，红二、四方面军到达甘肃会宁，同红一方面军会师，长征胜利结束。蒋介石消灭红军的目的未能达到。

1935年，日本帝国主义将其在华北的侵略势力进一步扩展到平、津、冀、察地区，华北危机达于极点，民族危机空前严重。根据华北事变后国际和国内关系的新变化，中共中央提出了建立抗日民族统一战线的新方针。1936年12月，西安事变及其和平解决，为国共两党合作提供了必要的前提。1937年七七事变爆发，日本发动大规模的侵华战争，国共两党再度合作，共同抗日，十年内战最终结束。

参考书目

1. 军事科学院军事历史研究部编《简明中国人民解放军战史》,军事科学出版社,1992。
2. 戴向青、余伯流等著《中央革命根据地史稿》,上海人民出版社,1986。
3. 《中央革命根据地史料选编》(上、中、下),江西人民出版社,1982。
4. 张同新著《蒋汪合作的国民政府》,黑龙江人民出版社,1988。
5. 朱汉国等著《南京国民政府纪实》,安徽人民出版社,1993。
6. 李新、陈铁健主编《中国新民主主义革命史长编》第六卷《从内战到抗战》(1935~1937),上海人民出版社,1995。

《中国史话》总目录

系列名	序号	书名	作者
物质文明系列（10种）	1	农业科技史话	李根蟠
	2	水利史话	郭松义
	3	蚕桑丝绸史话	刘克祥
	4	棉麻纺织史话	刘克祥
	5	火器史话	王育成
	6	造纸史话	张大伟　曹江红
	7	印刷史话	罗仲辉
	8	矿冶史话	唐际根
	9	医学史话	朱建平　黄　健
	10	计量史话	关增建
物化历史系列（28种）	11	长江史话	卫家雄　华林甫
	12	黄河史话	辛德勇
	13	运河史话	付崇兰
	14	长城史话	叶小燕
	15	城市史话	付崇兰
	16	七大古都史话	李遇春　陈良伟
	17	民居建筑史话	白云翔
	18	宫殿建筑史话	杨鸿勋
	19	故宫史话	姜舜源
	20	园林史话	杨鸿勋
	21	圆明园史话	吴伯娅
	22	石窟寺史话	常　青
	23	古塔史话	刘祚臣
	24	寺观史话	陈可畏

系列名	序号	书名	作者
物化历史系列（28种）	25	陵寝史话	刘庆柱　李毓芳
	26	敦煌史话	杨宝玉
	27	孔庙史话	曲英杰
	28	甲骨文史话	张利军
	29	金文史话	杜　勇　周宝宏
	30	石器史话	李宗山
	31	石刻史话	赵　超
	32	古玉史话	卢兆荫
	33	青铜器史话	曹淑芹　殷玮璋
	34	简牍史话	王子今　赵宠亮
	35	陶瓷史话	谢端琚　马文宽
	36	玻璃器史话	安家瑶
	37	家具史话	李宗山
	38	文房四宝史话	李雪梅　安久亮
制度、名物与史事沿革系列（20种）	39	中国早期国家史话	王　和
	40	中华民族史话	陈琳国　陈　群
	41	官制史话	谢保成
	42	宰相史话	刘晖春
	43	监察史话	王　正
	44	科举史话	李尚英
	45	状元史话	宋元强
	46	学校史话	樊克政
	47	书院史话	樊克政
	48	赋役制度史话	徐东升

系列名	序号	书名	作者
制度、名物与史事沿革系列（20种）	49	军制史话	刘昭祥 王晓卫
	50	兵器史话	杨毅 杨泓
	51	名战史话	黄朴民
	52	屯田史话	张印栋
	53	商业史话	吴慧
	54	货币史话	刘精诚 李祖德
	55	宫廷政治史话	任士英
	56	变法史话	王子今
	57	和亲史话	宋超
	58	海疆开发史话	安京
交通与交流系列（13种）	59	丝绸之路史话	孟凡人
	60	海上丝路史话	杜瑜
	61	漕运史话	江太新 苏金玉
	62	驿道史话	王子今
	63	旅行史话	黄石林
	64	航海史话	王杰 李宝民 王莉
	65	交通工具史话	郑若葵
	66	中西交流史话	张国刚
	67	满汉文化交流史话	定宜庄
	68	汉藏文化交流史话	刘忠
	69	蒙藏文化交流史话	丁守璞 杨恩洪
	70	中日文化交流史话	冯佐哲
	71	中国阿拉伯文化交流史话	宋岘

系列名	序号	书名	作者
思想学术系列（21种）	72	文明起源史话	杜金鹏　焦天龙
	73	汉字史话	郭小武
	74	天文学史话	冯时
	75	地理学史话	杜瑜
	76	儒家史话	孙开泰
	77	法家史话	孙开泰
	78	兵家史话	王晓卫
	79	玄学史话	张齐明
	80	道教史话	王卡
	81	佛教史话	魏道儒
	82	中国基督教史话	王美秀
	83	民间信仰史话	侯杰
	84	训诂学史话	周信炎
	85	帛书史话	陈松长
	86	四书五经史话	黄鸿春
	87	史学史话	谢保成
	88	哲学史话	谷方
	89	方志史话	卫家雄
	90	考古学史话	朱乃诚
	91	物理学史话	王冰
	92	地图史话	朱玲玲

系列名	序号	书名	作者
文学艺术系列（8种）	93	书法史话	朱守道
	94	绘画史话	李福顺
	95	诗歌史话	陶文鹏
	96	散文史话	郑永晓
	97	音韵史话	张惠英
	98	戏曲史话	王卫民
	99	小说史话	周中明 吴家荣
	100	杂技史话	崔乐泉
社会风俗系列（13种）	101	宗族史话	冯尔康 阎爱民
	102	家庭史话	张国刚
	103	婚姻史话	张 涛 项永琴
	104	礼俗史话	王贵民
	105	节俗史话	韩养民 郭兴文
	106	饮食史话	王仁湘
	107	饮茶史话	王仁湘 杨焕新
	108	饮酒史话	袁立泽
	109	服饰史话	赵连赏
	110	体育史话	崔乐泉
	111	养生史话	罗时铭
	112	收藏史话	李雪梅
	113	丧葬史话	张捷夫

系列名	序号	书名	作者	
近代政治史系列（28种）	114	鸦片战争史话	朱谐汉	
	115	太平天国史话	张远鹏	
	116	洋务运动史话	丁贤俊	
	117	甲午战争史话	寇伟	
	118	戊戌维新运动史话	刘悦斌	
	119	义和团史话	卞修跃	
	120	辛亥革命史话	张海鹏	邓红洲
	121	五四运动史话	常丕军	
	122	北洋政府史话	潘荣	魏又行
	123	国民政府史话	郑则民	
	124	十年内战史话	贾维	
	125	中华苏维埃史话	杨丽琼	刘强
	126	西安事变史话	李义彬	
	127	抗日战争史话	荣维木	
	128	陕甘宁边区政府史话	刘东社	刘全娥
	129	解放战争史话	朱宗震	汪朝光
	130	革命根据地史话	马洪武	王明生
	131	中国人民解放军史话	荣维木	
	132	宪政史话	徐辉琪	付建成
	133	工人运动史话	唐玉良	高爱娣
	134	农民运动史话	方之光	龚云
	135	青年运动史话	郭贵儒	
	136	妇女运动史话	刘红	刘光永
	137	土地改革史话	董志凯	陈廷煊
	138	买办史话	潘君祥	顾柏荣
	139	四大家族史话	江绍贞	
	140	汪伪政权史话	闻少华	
	141	伪满洲国史话	齐福霖	

系列名	序号	书名	作者
近代经济生活系列（17种）	142	人口史话	姜涛
	143	禁烟史话	王宏斌
	144	海关史话	陈霞飞 蔡渭洲
	145	铁路史话	龚云
	146	矿业史话	纪辛
	147	航运史话	张后铨
	148	邮政史话	修晓波
	149	金融史话	陈争平
	150	通货膨胀史话	郑起东
	151	外债史话	陈争平
	152	商会史话	虞和平
	153	农业改进史话	章楷
	154	民族工业发展史话	徐建生
	155	灾荒史话	刘仰东 夏明方
	156	流民史话	池子华
	157	秘密社会史话	刘才赋
	158	旗人史话	刘小萌
近代中外关系系列（13种）	159	西洋器物传入中国史话	隋元芬
	160	中外不平等条约史话	李育民
	161	开埠史话	杜语
	162	教案史话	夏春涛
	163	中英关系史话	孙庆

系列名	序号	书名	作者
近代中外关系系列（13种）	164	中法关系史话	葛夫平
	165	中德关系史话	杜继东
	166	中日关系史话	王建朗
	167	中美关系史话	陶文钊
	168	中俄关系史话	薛衔天
	169	中苏关系史话	黄纪莲
	170	华侨史话	陈民　任贵祥
	171	华工史话	董丛林
近代精神文化系列（18种）	172	政治思想史话	朱志敏
	173	伦理道德史话	马勇
	174	启蒙思潮史话	彭平一
	175	三民主义史话	贺渊
	176	社会主义思潮史话	张武　张艳国　喻承久
	177	无政府主义思潮史话	汤庭芬
	178	教育史话	朱从兵
	179	大学史话	金以林
	180	留学史话	刘志强　张学继
	181	法制史话	李力
	182	报刊史话	李仲明
	183	出版史话	刘俐娜
	184	科学技术史话	姜超

系列名	序号	书名	作者
近代精神文化系列（18种）	185	翻译史话	王晓丹
	186	美术史话	龚产兴
	187	音乐史话	梁茂春
	188	电影史话	孙立峰
	189	话剧史话	梁淑安
近代区域文化系列（十一种）	190	北京史话	果鸿孝
	191	上海史话	马学强 宋钻友
	192	天津史话	罗澍伟
	193	广州史话	张苹 张磊
	194	武汉史话	皮明庥 郑自来
	195	重庆史话	隗瀛涛 沈松平
	196	新疆史话	王建民
	197	西藏史话	徐志民
	198	香港史话	刘蜀永
	199	澳门史话	邓开颂 陆晓敏 杨仁飞
	200	台湾史话	程朝云

《中国史话》主要编辑
出版发行人

总 策 划 谢寿光 王 正
执行策划 杨 群 徐思彦 宋月华
梁艳玲 刘晖春 张国春
统 筹 黄 丹 宋淑洁
设计总监 孙元明
市场推广 蔡继辉 刘德顺 李丽丽
责任印制 岳 阳